deutsch üben 4

Richa

Weg mit den typischen Fehlern!

Teil 2

Max Hueber Verlag

ist eine Reihe von Übungsbüchern zu Grammatik, Wortschatz und Rechtschreibung, die als kursunabhängiges Material zu jedem beliebigen Lehrbuch, aber auch kurstragend benutzt werden können. Bedingt durch die Konzeption, dass in die Übungsblätter auch hineingeschrieben werden kann, liegt der Übungsschwerpunkt im schriftlichen Spracherwerb.

Sämtliche Bände sind auch für den Selbstunterricht geeignet.

Weg mit den typischen Fehlern!

Dieses Werk folgt der seit dem 1. August 1998 gültigen Rechtschreibreform. Ausnahmen bilden Texte, bei denen künstlerische, philologische oder lizenzrechtliche Gründe einer Änderung entgegenstehen.

€ 3. 2.   Die letzten Ziffern
2005 04 03   bezeichnen Zahl und Jahr des Druckes.
Alle Drucke dieser Auflage können, da unverändert,
nebeneinander benutzt werden.
1. Auflage
© 2001 Max Hueber Verlag, D-85737 Ismaning
Umschlaggestaltung: Parzhuber und Partner, München
Satz: Fotosatz Völkl, Puchheim
Druck: Schoder, Gersthofen
Printed in Germany
ISBN 3–19–007452–6
(früher erschienen im Verlag für Deutsch ISBN 3–88532–654–X)

Vorwort

Jeder, der über längere Zeit im Fach Deutsch als Fremdsprache lehrend tätig war, weiß, dass es typische Fehler gibt, die bei Anfängern bzw. Fortgeschrittenen immer wieder auftreten. Solche Fehler bei der Durchsicht von einigen hundert Arbeiten (Klausuren) zu erfassen und aus langjähriger Unterrichtspraxis zu ergänzen, machte sich der Verfasser zunächst zur Aufgabe.

Die typischen Fehler wurden entsprechend ihrer Eigenart in zehn Gruppen (§§ 1–10) eingeteilt und dann in zwei Teilen veröffentlicht. Im vorliegenden zweiten Teil werden die Fehlerprobleme der §§ 6–10, in Beispiele und – wenn möglich – in Regeln gefasst, vorgestellt. In den sich anschließenden Übungssätzen kann der Lernende prüfen, ob er das vorgestellte Problem erfasst hat.

Am Ende jedes Paragraphen befinden sich ein bis drei Tests. Sie geben dem Lernenden Gelegenheit, sich zu vergewissern, ob er die behandelten Probleme sicher beherrscht. Der Schlüssel zu den Einzelübungen und den Tests gewährleistet eine sofortige Überprüfung. Die beiden Übungsbücher eignen sich deshalb in besonderer Weise auch zur Einzelarbeit. Dem Lernenden wird empfohlen, jeweils ein bis drei Nummern mit Übungen und Tests gründlich durchzuarbeiten und die Ergebnisse anhand des Schlüssels zu kontrollieren. Stellen, an denen Fehler gemacht wurden, sollten markiert werden, damit diese Teile später wiederholt werden können. Man kann aber auch mit den Tests beginnen und sich dann beim Auftreten von Fehlern anhand der Nummern den speziellen Problemen widmen.

Die Übungsbücher können dem Lehrer als wertvolles Hilfs- und Übungsmittel bei der Fehlerbesprechung oder bei der Durchnahme bestimmter grammatischer Probleme dienen. Nicht zuletzt sind sie auch kurstragend einsetzbar in fortgeschrittenen Grammatikkursen, die sich auf die häufigsten Fehler im Deutschen konzentrieren.

Der Gebrauchswert der Bücher erhöht sich durch die Tabellen im Anhang. In Teil 1 findet der Lernende neben der Liste der starken und unregelmäßigen Verben Tabellen mit den Präpositionen, der Adjektivdeklination sowie eine Liste häufig gebrauchter Substantive der schwachen Deklination. Im Anhang von Teil 2 befindet sich ein ausführliches Gesamtregister für beide Teile.

3

Abkürzungen

A	Akkusativ
D	Dativ
f	Femininum
fig.	figurativ (= übertragene Bedeutung)
Fut.	Futur
G	Genitiv
Imper.	Imperativ
jdm.	jemandem
jdn.	jemanden
jds.	jemandes
m	Maskulinum
N	Nominativ
n	Neutrum
Nr.	Nummer
o. Ä.	oder Ähnliches
Part. Perf.	Partizip Perfekt
Perf.	Perfekt
Pl.	Plural
Präs.	Präsens
Prät.	Präteritum
S.	Seite
Sing.	Singular
u. a.	und andere
vgl.	vergleiche
z. B.	zum Beispiel

Inhaltsverzeichnis

b) Verben

1 sich abspielen – passieren *S. 57* — Was *hat sich* auf dem Schulhof *abgespielt?* – *Ist* etwas *passiert?*

2 abwehren – sich wehren *S. 57* — Sie *wehrten* den Feind *ab*. – Sie *wehrten sich* gegen den Feind.

3 achten – beachten *S. 58* — *Achten* Sie bitte auf den Straßenverkehr! – *Beachten* Sie bitte unser Angebot!

4 anbauen – einbauen *S. 58* — Der Bauer *hat* Zuckerrüben *angebaut*. – Wir *haben* eine Garage *angebaut*. – In die Ecke *habe* ich einen Schrank *eingebaut*.

5 anbieten – bitten – beten *S. 59* — Er *bot* mir Wein *an*. – Er *bat* um ein Glas Wasser. – Er *betete* zu Gott.

6 ändern – verändern – wechseln *S. 60* — Das Gesetz *wurde geändert*. – Er *hat sich* sehr *verändert*. – Ich *habe* Geld *gewechselt*.

7 anziehen – umziehen – ausziehen *S. 61* — Er *zog sich* schnell *an*. – Morgen *ziehen* wir *um*. – Sie müssen zum 30. *ausziehen*.

8 auflösen – auslösen *S. 62* — Die Versammlung *löste sich auf*. – Du musst 100 g Salz im Wasser *auflösen*. – Seine Worte *lösten* laute Protestrufe *aus*.

9 aufsetzen – anziehen *S. 62* — Er *setzte* die Brille *auf*. – Er *zog* die Handschuhe *an*.

7

10 aufwachen – aufwecken *S. 63*	Ich *bin* heute spät *aufgewacht.* – Ein Donnerschlag *hatte* mich *aufgeweckt.*
11 aussteigen – absteigen *S. 63*	Ich *bin* am Westbahnhof *ausgestiegen.* – Radfahrer müssen *absteigen.*
12 berichten – berichtigen – benachrichtigen *S. 64*	Die Zeitung *berichtet* Näheres. – *Berichtigen* Sie die Fehler! – Ich konnte ihn nicht *benachrichtigen.*
13 betrachten – beobachten *S. 64*	Er *betrachtete* die Figur. – Der Polizist *beobachtet* den Verkehr.
14 brauchen – gebrauchen – verbrauchen *S. 65*	Ich *brauche* keine Hilfe. Er *gebraucht* häufig Ausreden. – Hast du das Geld schon *verbraucht?*
15 brennen – anbrennen – verbrennen – abbrennen *S. 66*	Das Haus *brennt.* – Die Suppe *ist angebrannt.* – Ich *habe mich verbrannt.* – Der Stall *ist abgebrannt.*
16 drucken – drücken *S. 67*	Die Druckerei *druckt* Zeitschriften. – Er *drückte* ihm die Hand.
17 entdecken – erfinden *S. 68*	Die Normannen *entdeckten* Nordamerika. – Der Deutsche J. P. Reis *erfand* das erste Telefon.
18 sich ereignen – stattfinden – der Fall sein *S. 68*	Ein Unfall *hat sich ereignet.* – *Findet* die Feier morgen *statt?* – Nein, das *ist* nicht *der Fall.*
19 erkennen – verstehen – merken *S. 69*	Ich *habe* ihn an seiner Stimme *erkannt.* – Ich *verstehe* deinen Entschluss. – Ich habe *gemerkt,* dass etwas nicht stimmt.
20 erkranken – krank werden – krank sein *S. 70*	Sie *ist erkrankt.* – Sie *ist krank geworden.* – Sie *ist krank.*
21 erschrecken (erschreckte, erschreckt) – erschrecken (erschrak, erschrocken) *S. 71*	*Hast* du mich aber *erschreckt!* – *Bin* ich aber *erschrocken!*
22 essen – trinken – schlucken *S. 71*	Ich *esse* mein Brot. – Ich *trinke* Tee. – Ich *schlucke* meine Medizin.
23 fallen – hinfallen *S. 72*	Das Kind *ist* in den Graben *gefallen.* – Das Kind *ist hingefallen.*
24 fördern – fordern – auffordern *S. 73*	Gute Schüler sollen *gefördert werden.* – Die Gefangenen *fordern* besseres Essen. – Der Fahrer *forderte* uns *auf* einzusteigen.
25 frieren – zufrieren – erfrieren *S. 73*	Ich *friere.* – *Es friert mich.* – Der See *ist zugefroren.* – Das Kind *ist erfroren.*
26 führen – herumführen *S. 74*	Ein Fachmann *führte* die Reisegesellschaft durchs Schloss. – Er *führte* sie im Schloss herum.
27 gelingen – glücken *S. 75*	Es *gelang (glückte)* dem Arzt, den Patienten zu retten. – Es ist ihr *geglückt (gelungen),* den Schauspieler zu sprechen.

28	heiraten – sich verheiraten – verheiratet sein *S. 76*	Sie *heiratet* morgen. – Er *hat sich* zum zweiten Mal *verheiratet*. – Die beiden *sind* seit zwanzig Jahren *verheiratet*.
29	herausfinden – feststellen – herausstellen *S. 76*	Ein Nachbar *hat herausgefunden (festgestellt)*, wer der Dieb war. – Es *hat sich herausgestellt*, wer der Dieb war.
30	kennen – wissen *S. 77*	*Kennst* du den Weg? *Weißt* du, wie ich dorthin komme?
31	laden – beladen *S. 78*	Sie *laden* die Kisten auf den Wagen. – Sie *beladen* den Wagen mit Kisten.
32	liegen – stehen *S. 78*	Dein Buch *liegt* auf dem Tisch. – Meine Bücher *stehen* im Bücherschrank.
33	machen – tun *S. 79*	Sie *hat* mir eine große Freude *gemacht*. – Er *hat* mir einen Gefallen *getan*.
34	mahlen – malen *S. 81*	Er *hat* das Korn *gemahlen*. – Sie *hat* das Bild *gemalt*.
35	müssen – nicht brauchen *S. 81*	*Musst* du alles noch mal schreiben? – Nein, ich *brauche nicht* alles noch mal zu schreiben.
36	müssen – sollen *S. 82*	„Ich *soll* Sie schön grüßen!" oder „Ich *muss* Sie schön grüßen!"?
37	nehmen – holen – bekommen *S. 83*	Er *nahm* ein Taxi. – Er *holte* die Polizei. – Er *bekam* eine Anstellung.
38	pflücken – sammeln *S. 84*	Die Kinder *pflücken* Blumen. – Heinz *sammelt* Schmetterlinge.
39	scheiden *S. 84*	Sie *schieden* als Freunde. – Er *hat sich scheiden lassen*. – Die Ehe *ist geschieden*.
40	schießen – erschießen – anschießen *S. 85*	Der Jäger *hat* einen Hasen *geschossen*. – Man *hat* den Freiheitshelden *erschossen*. – Ein Bankräuber *wurde angeschossen*.
41	schreiben – aufschreiben *S. 86*	Sie *schreibt* ihrer Freundin. – Sie *hat* die Adresse *aufgeschrieben*.
42	schütten – füllen – gießen *S. 87*	Er *schüttet* Salz in das Salzfass. – Sie *füllt* den Saft in Flaschen. – Er *gießt* die Pflanzen im Garten.
43	sitzen – stehen *S. 88*	Der Anzug *sitzt*, aber die Farbe *steht* ihm nicht.
44	sterben – töten *S. 88*	Er *starb* an einer Pilzvergiftung. – Ein Verbrecher *hat* den Kaufmann *getötet*.
45	stoßen – zusammenstoßen *S. 89*	Er *hat* ihn *gestoßen*. – Sie *sind* auf Erdöl *gestoßen*. – Zwei Autos *sind zusammengestoßen*.
46	telefonieren – anrufen *S. 89*	Ich *habe* mit ihm *telefoniert*. – Ich *habe* bei ihm *angerufen*.

c) Andere Wortarten und die Vorsilben „hin-“ und „her-“

9	deshalb – dafür *S. 106*	Ich will bauen; *deshalb* spare ich. – Er arbeitet am Sonntag; *dafür* hat er Montag frei.
10	eisig – eisern *S. 107*	ein *eisiges* Wetter – mit *eiserner* Ausdauer
11	eng – klein – kurz – niedrig *S. 107*	*enge* Schuhe – *kleine* Kinder – eine *kurze* Antwort – *niedrige* Zimmerdecken
12	erstaunlich – erstaunt *S. 108*	Eine *erstaunliche* Leistung. – Alle waren *erstaunt.*
13	etwa – etwas *S. 108*	Das sind *etwa* elf Kilometer. – Ich möchte dir *etwas* sagen.
14	folgende – kommende *S. 109*	Beachten Sie bitte *folgende* Regeln: … – *Kommende* Woche fahre ich in Urlaub.
15	früher – vorher – neulich *S. 109*	*Früher* fuhr man mit Pferdewagen. – Wir aßen Rinderbraten; *vorher* gab es eine Suppe. – Ich traf *neulich* einen alten Bekannten.
16	geistig – geistlich *S. 110*	*geistige* Getränke – *geistiges* Eigentum – *geistliche* Lieder
17	gering – schlecht – wenig *S. 111*	*geringer* Lohn – *schlechte* Bezahlung – *wenig* Geld
18	gewöhnlich – gewohnt *S. 111*	*Gewöhnlich* kommt die Post gegen acht. – Er ist (es) *gewohnt*, mittags zu schlafen.
19	her- oder hin-? *S. 112*	Komm *her!* – Ich gehe *hin* und hole die Karten.
20	hoch – teuer – warm *S. 112*	ein *hoher* Preis – *teure* Ware – *warmes* Wetter – *hohe* Temperaturen
21	jeder – alle *S. 113*	*Jeder* Schüler bekommt ein Zeugnis. – *Alle* Schüler bekommen heute Ferien.
22	kurz – wenig *S. 114*	nach *kurzer* Zeit – *wenig* Zeit – nach *wenigen* Versuchen
23	so lange – so sehr – so viel (solange, sosehr, soviel) *S. 114*	Die Pause dauerte *so lange*, dass … – Er sehnte sich *so sehr* nach ihr. – Sie verdient *so viel*, dass …
24	langweilig – gelangweilt *S. 115*	Der Vortrag war sehr *langweilig.* – Wir haben uns entsetzlich *gelangweilt.*
25	miteinander – aufeinander – voneinander – übereinander usw. *S. 116*	Sie spielten *miteinander.* – Sie waren böse *aufeinander.* – Sie fielen *übereinander.*
26	nahe gelegen – nahe liegend *S. 116*	das *nahe gelegene* Dorf – ein *nahe liegender* Grund
27	schade – schädlich *S. 117*	*Schade*, dass wir nichts verstanden haben. – *schädliche* Insekten
28	schnell – hoch – viel *S. 117*	ein *schnelles* Auto – eine *hohe* Geschwindigkeit – Es kostet *viel.*
29	sehr – viel *S. 118*	Es eilt *sehr.* – Sie hat nicht *viel* Zeit.

§10 Typische Fehler in der Rechtschreibung und Zeichensetzung

Anhang

§ 6 Fehler beim Gebrauch des Artikels und des unbestimmten Pronomens

Vorbemerkung

Für Lerner, insbesondere solche mit einer Ausgangssprache, die keine Artikel kennt, ist es oft schwer zu entscheiden, wo der bestimmte, der unbestimmte oder der Nullartikel stehen muss. Dieses Problem ist sehr komplex und wohl auch kaum anhand von Regeln, sondern eher durch den intensiven Umgang mit der Fremdsprache zu erlernen. Daher werden hier nur solche Probleme berücksichtigt, bei denen erfahrungsgemäß häufig Fehler gemacht werden. Unter Nr. 14 folgt dann eine Zusammenfassung weiterer wichtiger Regeln zu diesem Thema.

1 Der unbestimmte Artikel (im Plural der Nullartikel) zur Einführung – der bestimmte Artikel in der Folge

> Heute kam eine Postkarte. Auf der Postkarte ist unser Haus zu sehen.

Achtung: Der Angeklagte erwartete *ein mildes Urteil*. (Nicht: *das milde Urteil*, denn die Art des Urteils ist ungewiss.)

Merke: Ist von etwas Neuem, Unbekanntem die Rede, so steht das Substantiv im Singular mit dem unbestimmten Artikel: *Herr May hat eine Garage.* Nach der Einführung steht der bestimmte Artikel: *Die Garage ist im Hinterhof.*
Das Substantiv im Plural hat zunächst den Nullartikel; nach der Einführung steht der bestimmte Artikel: *Wir haben drei Fahrräder. Die Fahrräder stehen bei uns im Keller.*

Bestimmter, unbestimmter oder Nullartikel?

1. Hier liegt _____ Buch. Wem gehört _____ eigentlich?

2. Da links im Schaufenster ist _____ rotes Kleid. Wie gefällt dir _____ Kleid?

3. Auf dem Berg stehen _____ Zelte. Das sind _____ Zelte der Jugendgruppe.

4. Hier stehen noch _____ alte Kisten und Kartons. Soll ich _____ Zeug verbrennen?

5. Da steht noch _____ angebrochene Flasche Wein. Was soll ich mit _____ Flasche machen?

6. Der Angeklagte erwartete _____ mildes Urteil. Aber leider ist _____ Urteil ziemlich hart ausgefallen.

2 Unbestimmter Artikel im Singular – Nullartikel im Plural

Der Schüler hoffte auf eine gute Note. – … auf gute Noten.

Achtung: Die Arbeiter streikten, um *höhere Löhne* zu bekommen. (Nicht: *die höheren Löhne*)

Merke: Wenn im Singular der unbestimmte Artikel stehen muss, steht im Plural der Nullartikel: *um einen höheren Lohn streiken → um höhere Löhne streiken.*

Setzen Sie den kursiv gedruckten Teil in den Plural, wenn er im Singular steht und umgekehrt.

1. Ich warte auf *eine Nachricht* aus Basel.
2. Wir hatten *einen herrlichen Apfelbaum* im Garten.
3. Auf dem Balkon haben wir *einen wunderschönen Abend* verbracht.
4. Ich habe *zuverlässige Mitarbeiter.*
5. Wir suchen *kleine Ferienhäuser* am Strand.
6. Mein Bruder besitzt *sehr wertvolle Briefmarken.*

3 Der unbestimmte Artikel bei Maßangaben

Die Tür ist zwei Meter hoch. – Die Tür hat eine Höhe von zwei Metern.

Achtung: Sie hat *ein Gewicht* von 42 Kilogramm. (Nicht: *das Gewicht*)

Merke: Bei Maßangaben steht immer der unbestimmte Artikel vor dem Substantiv: *eine Größe von; eine Weite von; eine Entfernung von; eine Reichweite von; eine Schnelligkeit von* usw.

Bilden Sie Sätze nach folgendem Beispiel:

Das Auto fährt 180 km/h. (Geschwindigkeit [f]) Das Auto hat *eine Geschwindigkeit von* 180 Kilometern in der Stunde.

1. Das Zimmer ist 6 m lang und 4 m breit. (Länge [f], Breite [f])
2. Der Mann wiegt 75 kg. (Gewicht [n])
3. Die Wolken sind 2000 m hoch. (Höhe [f])
4. Der Behälter fasst 200 l*. (Fassungsvermögen [n])
5. Das Netz hat 220 Volt. (Spannung [f])
6. Das Mondjahr hat 336 Tage. (Dauer [f])

4 Artikel oder Nullartikel bei Krankheitsnamen

Er hat Grippe. – Er hat einen Hustenanfall.

Achtung:
a) Bei ihm wurde *eine Kreislaufstörung* festgestellt. (Nicht: *die Kreislaufstörung*)
b) Sie hat *Krebs.* (Nicht: *den Krebs*)

---

* l = Liter; 1 Liter = 1000 cm³ (= Kubikzentimeter)

Merke:

zu a: Bei Krankheitsbezeichnungen mit dem Zusatz *-störung, -entzündung, -erkrankung, -schwäche, -anfall, -infarkt* o. Ä. steht im Singular meist der unbestimmte Artikel; im Plural steht kein Artikel (vgl. § 6 Nr. 2): *Sie leidet unter einer Kreislaufstörung / unter Kreislaufstörungen.*

zu b: Sonstige Krankheitsnamen, insbesondere die international gebräuchlichen, stehen ohne Artikel: *Er leidet unter Rheuma. – Sie hat Gastritis.* Wird das Substantiv mit Attribut gebraucht, so steht der Artikel: *Sie hat eine leichte Gastritis.*

Wird eine bekannte Erkrankung bei einem bestimmten Patienten angesprochen, so kann der bestimmte Artikel gebraucht werden: (Der Patient hatte Bauchschmerzen.) *Haben Sie die Bauchschmerzen noch?* (Auch: *Haben Sie noch Bauchschmerzen?*)

Besonderheiten: a) *Fieber* (n; kein Pl.) steht ohne Artikel: *Der Patient hat Fieber / hohes Fieber.* b) *Schmerz* (m) wird, wenn es sich um körperliche Schmerzen handelt, fast immer im Plural gebraucht: *Ich habe Schmerzen im rechten Bein / in den Füßen. – Er hat Kopfschmerzen.* Aber: *Der Trennungsschmerz war groß.* (Vgl. § 9b Nr. 53)

Bestimmter, unbestimmter oder Nullartikel?

1. Er leidet an _____ Asthma.

2. „Ich habe oft _____ Kopfschmerzen." „Wann treten _____ Kopfschmerzen denn auf?"

3. Wie lange haben Sie _____ Bronchitis denn schon?

4. Liebe Frau Ney, Sie haben leider _____ Nierenentzündung.

5. Mein Großvater hat _____ Diabetes. (Diabetes [m] = Zuckerkrankheit)

6. In der Bundesrepublik Deutschland sterben etwa gleich viele Menschen an _____ Herz- und Kreislaufstörungen wie an _____ Krebs.

7. „Ich habe _____ Fieber!" „Wie hoch ist _____ Fieber denn?"

8. Herr Kreis, Sie müssen früher mal _____ Tuberkulose durchgemacht haben.

9. Er hat _____ ganz typischen Raucherkatarrh.

10. Sie leidet oft unter _____ Migräne. (Migräne [f] = anfallweise auftretende heftige Kopfschmerzen)

5   Der bestimmte Artikel beim Superlativ

> Er ist ein netter Junge. – Er ist der netteste Junge der Gruppe.

Achtung: Hamburg ist *die größte Stadt* der Bundesrepublik. (Nicht: *eine größte Stadt*)

Merke: Beim Superlativ steht nie der unbestimmte Artikel! *Der größte … Der fleißigste …* kann nur ein ganz bestimmter sein, deshalb der bestimmte Artikel: *Der tüchtigste Arzt in der Gegend ist Dr. Neubauer. – Der größte Abnehmer von Kupfer ist die Bundesrepublik.*

Bestimmter, unbestimmter oder Nullartikel?

1. Das war _____ langer Prozess. Es war _____ längste Prozess seit Jahren.

2. Ich suche _____ billigen Laden für Teppiche. – _____ billigste Laden, den ich kenne, ist am Bahnhofsplatz.

3. Vorsicht! Das ist _____ gefährliche Kurve! Es ist _____ gefährlichste der ganzen Strecke.

4. Dieser Baum trägt _____ saftige Äpfel. Es sind _____ saftigsten, die ich je gegessen habe.

5. Herr Leipoldt ist _____ guter Lehrer. Er ist _____ beste Lehrer, den ich kenne.

6. Jennifer ist _____ gute Schülerin, aber Kathrin ist _____ beste Schülerin der Klasse.

6   Nullartikel nach „als"

> Er arbeitet jetzt als Krankenpfleger.

Merke: Zur Angabe eines Berufs oder einer charakterisierenden Eigenschaft steht nach *als* der Nullartikel: *Robert, du als Mathematiker wirst die Aufgabe sicher lösen können. – Wir zahlen als Verheiratete weniger Steuern als Ledige.*

Bilden Sie Sätze nach folgendem Beispiel:

> (ein Student) * bekommst du verbilligte Eintrittskarten.
> *Als Student* bekommst du verbilligte Eintrittskarten.
>
> (ein Schüler) Ich bin * oft bei meinen Großeltern gewesen.
> Ich bin *als Schüler* oft bei meinen Großeltern gewesen.

1. (ein Kind) Ich war * oft in Wien.
2. (ein Autofachmann) * kannst du mir vielleicht bei der Reparatur meines Wagens helfen.
3. (ein Schauspieler) Er ist * beim Publikum sehr beliebt.
4. (die einzige Zeugin) Inge Möller muss * vor Gericht aussagen.
5. (die Dolmetscherin für Japanisch) Gisela arbeitet jetzt * in der UNO.
6. (ein Fachmann für Dieselmotoren) Christian geht * nach China.

7   Nullartikel bei Zeitangaben mit „Anfang", „Mitte", „Ende"

> Anfang 1970 – Ende April – Mitte September – Anfang nächsten Jahres

Achtung: Ich komme *Anfang Mai.* (Nicht: *am Anfang des Mai*)

Merke: Bei den Zeitangaben mit *Anfang, Mitte* oder *Ende* + Monatsangabe stehen beide Wörter ohne Artikel: *Ich komme Mitte Oktober / Ende März. – Auch: Ich bin Anfang 1998 in Mexiko gewesen. Aber: Ich bin Anfang des Jahres 1998 in Mexiko gewesen. – Anfang des/dieses Jahres, Mitte der/dieser Woche, Ende des/dieses Monats.* (Vgl. § 1 Nr. 7)

Besonderheit: Ist die Zeitangabe durch Zusätze ergänzt (z. B. *letztes Jahr, nächste Woche, vorigen Monat*), so steht sie im Genitiv mit Nullartikel: *Anfang letzten Jahres, Mitte nächster Woche, Ende vorigen Monats.*

Ersetzen Sie die kursiv gedruckten Ausdrücke durch entsprechende Zeitangaben mit „Anfang", „Mitte" oder „Ende", wie im folgenden Beispiel:

> *Montag oder Dienstag nächster Woche* kommen meine Verwandten aus Australien. –
> Anfang nächster Woche kommen meine Verwandten aus Australien.

1. *Letztes Jahr im November oder Dezember* hat sie mir das letzte Mal geschrieben.
2. *Nächste Woche Montag oder Dienstag* komme ich mal bei euch vorbei.
3. In Deutschland wird es meist erst *um den 15. Mai* richtig warm.
4. Spätestens *zwischen dem 1. und 10. Dezember* sollen alle Weihnachtspäckchen aufgegeben sein.
5. *Letztes Jahr zwischen Mai und Juli* hat es furchtbar oft geregnet.
6. *Nächstes Jahr im Januar oder Februar* machen wir Urlaub in den Bergen.

8   Nullartikel bei Stoffnamen

> Das Messer besteht aus Stahl. – Der Stahl ist zu weich.

Achtung: Benzin wird *aus Erdöl* gewonnen. (Nicht: *aus dem Erdöl*)

Merke:

a) Stoffnamen stehen ohne Artikel: *Benzin wird aus Erdöl gewonnen.* Auch wenn davor ein Adjektiv steht: *Strümpfe aus reiner Wolle. – Stoffe aus feinster Seide.*
b) Stoffnamen stehen mit Artikel, wenn von einem bestimmten Stoff die Rede ist: *Ich finde die Wolle nicht, die ich vorhin gekauft habe. – Die Suppe ist ja schon kalt. – Der Stahl ist nicht hart genug.*

Ergänzen Sie den Artikel, wo es notwendig ist, sowie fehlende Endungen.

1. _____ Platin ist ein silbergrau glänzendes Edelmetall.

2. Zur Herstellung von _____ Aluminium benötigt man _____ Bauxit.

3. War _____ Seide, die du gekauft hast, teuer?

4. Das Kleid ist aus _____ rein___ Seide.

5. Trinkst du nachmittags lieber _____ Kaffee oder lieber _____ Tee?

6. Trinkst du _____ Kaffee mit oder ohne _____ Milch?

7. Ich trinke _____ Tee immer mit _____ Zucker.

8. Die Figur ist aus _____ echt___ Silber.

9. Ich möchte ein Hemd aus _____ rein___ Baumwolle.

10. Der Teppich besteht aus _____ rein___ Wolle; _____ Wolle wurde nur mit _____ echt___ Pflanzenfarben gefärbt.

9 Nullartikel nach „heißen", „nennen", „bezeichnen als"

> Das ist eine Rohrzange. – Dieses Werkzeug nennt man Rohrzange.

Achtung: Dieser Apparat heißt *Oszillograph*. (Nicht: *der Oszillograph*)

Merke: Nach Verben wie *heißen, nennen, bezeichnen als* stehen Namen ohne Artikel: *Einen derartigen Ofen nennt man Kachelofen.* – *Einen Windgeschwindigkeitsmesser bezeichnet man auch als Anemometer.*

Besonderheit: *heißen* verlangt den (Gleichsetzungs-)Nominativ: *Türkisch „Ağabey" heißt auf Deutsch „ältester Bruder".* (Vgl. § 3 Nr. 7)

Bilden Sie Sätze nach folgendem Beispiel:

> das Synonym – ein Wort von gleicher oder ähnlicher Bedeutung (nennt man)
> Ein Wort von gleicher oder ähnlicher Bedeutung *nennt man Synonym.*

1. die Jolle – ein kleines Segelboot (wird genannt)
2. die Drogen (Pl.) – Rauschgifte wie Heroin oder LSD (heißen)
3. die Moschee – das Gotteshaus des Islam (nennt man)
4. die Zwischenhändler (Pl.) – Händler, die selbst wieder an Händler verkaufen (bezeichnet man als)
5. die Edelmetalle (Pl.) – Gold, Silber und Platin (werden … genannt)
6. der Ladenhüter – eine Ware, die schon längere Zeit vergeblich zum Kauf angeboten wurde (nennt man)
7. der Bückling – ein geräucherter Hering (heißt)
8. das Geburtstagskind – jemand, der Geburtstag hat (wird als … bezeichnet)

10 Nullartikel bei „Gott" und bei Länder- und Ortsnamen sowie bei den Namen der Erdteile

> Nur Gott weiß es! – der Gott der Liebe; Irland – das grüne Irland

Achtung: Sie beteten *zu Gott*. (Nicht: *zu dem Gott*)

Merke:
a) Gott (in monotheistischen Religionen, also auch z. B. Allah) steht ohne Artikel: *Doch Gott erhörte sie nicht. – Das war Allahs Werk!* Aber: *Poseidon, der Gott des Meeres.*
b) Orts- und Ländernamen sowie die Namen der Erdteile *Afrika, Amerika, Asien, Europa* (nicht aber *die Antarktis*) stehen ohne Artikel, wenn kein Attribut dabei steht: *Wir fahren nach Rothenburg / nach England / nach Amerika.* Mit Attribut stehen sie (ebenso wie *Gott*) mit dem bestimmten Artikel: *das mittelalterliche Rothenburg; das Wien der Kaiserzeit; der gütige Gott; der Gott der Liebe.*

Besonderheit: Einige Länder stehen mit Artikel, z. B. *die Schweiz, die Türkei, die Slowakei* usw. (vgl. § 1 Nr. 2). Dazu gehören auch alle abgekürzten Staatsbezeichnungen, z. B. *die USA, die GUS.*

Mit oder ohne Artikel?

1. Er betet zu _____ Gott.

2. Sie bitten _____ Gott um Frieden.

3. Bitte _____ lieb___ Gott um Hilfe!

4. Nach dem Ersten Weltkrieg fiel _____ Südtirol an Italien.

5. _____ mittelalterliche Rothenburg wirbt für den Fremdenverkehr.

6. In der Tat ist _____ Rothenburg eine wunderschöne Stadt.

7. Für Reisen in _____ Slowakei benötigt man einen Reisepass.

8. Ingenieur Kiehl muss morgen zu einem Kunden nach _____ Norwegen fliegen.

11   Nullartikel bei kirchlichen Feiertagen

Ich komme zu Weihnachten. – Ostern bin ich nicht da.

Achtung: Ich komme *zu Ostern*. (Nicht: *am Ostern*)

Merke: Kirchliche Feiertage (auch *Silvester, Neujahr*) stehen ohne Artikel. Bei Terminangaben steht die Präposition *zu* (*an* + Feiertag wird regional gebraucht): *zu Ostern; zu Weihnachten*. Die Präposition kann aber auch ganz wegfallen: *Ich komme euch Pfingsten besuchen.*
Mit der Präposition *über* wird die Dauer ausgedrückt: *Über Ostern* (= über die Dauer der Osterfeiertage) *fahren wir zu Verwandten.*

Besonderheit: Feiertage mit *-tag* oder *-fest* am Ende stehen mit Artikel: *Der Karfreitag ist (ein) gesetzlicher Feiertag. – Am Reformationsfest sind die Geschäfte geschlossen.*

Ergänzen Sie, wo es notwendig ist.

1. _____ Christi Himmelfahrt ist immer an einem Donnerstag.

2. Was machst du _____ Silvester?

3. _____ Fronleichnam sind in einigen Ländern der Bundesrepublik und in Teilen der Schweiz die Läden geschlossen.

4. Was wünschst du dir _____ Weihnachen?

5. _____ Reformationsfest ist ein evangelischer Feiertag.

12 Nullartikel bei Eigennamen und Verwandtschaftsbezeichnungen

Ich sprach mit Walter Rehm. ... mit dem verurteilten Walter Rehm. – Wo ist Vater?

Achtung: Sieger war *Walter Müller. Walter* ist ein großer Sportler. (Nicht: ... war *der Walter Müller. Der Walter* ist ...) – ... im Jahr 800 *n. Chr.* (gesprochen: *nach Christus.* Nicht: *nach dem Christus*)

Merke:
a) Vor Eigennamen steht kein Artikel: *Meyer steht im Tor. – Heinz ist Schiedsrichter.*
b) Steht vor dem Namen jedoch ein Adjektiv, muss der Artikel gesetzt werden: *der verhaftete Franz Klüber; die sportliche Karin Nüdling.*
c) Der Artikel steht auch dann nicht, wenn vor dem Namen ein Titel steht: *Königin Juliane besuchte die Klinik. – Leiter des Kongresses ist Professor Ulrich. – Ich gehe zu Dr. Kleinschmidt.* (Aber: *Der Doktor hat's gesagt.*)
d) Bei Berufsbezeichnungen vor dem Eigennamen ist der Gebrauch schwankend: *Der Maler Salvador Dalí war Spanier. – Vereinsvorsitzender ist Schreinermeister Pfeifer. – Dann ergriff der Arzt Dr. Bellinger das Wort.*
e) Bei den Verwandtschaftsnamen *Vater, Mutter, Onkel, Tante* steht kein Artikel, wenn man von den eigenen Verwandten spricht: *Vater ist ins Büro gegangen. – Wo ist Mutter? – Tante Else war da.*

Besonderheit: Umgangssprachlich ist der Gebrauch des bestimmten Artikels vor dem Vor- oder Nachnamen üblich: *der Heinz; die Ulla; der Maier; die Schulzens.*

Mit oder ohne Artikel?

1. _____ Professor Jean Piccard erforschte zunächst die Stratosphäre, später die Tiefen des Meeres.

2. _____ berühmte Professor ist 1884 geboren und starb 1962.

3. _____ Robert Koch ist der Begründer der modernen Bakteriologie.

4. Ich war bei _____ Arzt Dr. Fiedler.

5. _____ Doktor Fiedler ist Hals-Nasen-Ohrenarzt.

6. _____ Doktor hat mir ein Medikament verschrieben.

7. Unser Lateinlehrer ist _____ Studienrat Kühn.

8. Unter den Gästen befand sich auch _____ Prinzessin Beatrix.

9. _____ Onkel Otto möchte dich sprechen!

10. Hast du _____ Vater gesagt, was du vorhast?

11. Der Lehrer hat _____ Mutter des Schülers sprechen wollen.

12. _____ Bruder meines Mannes ist mein Schwager.

13 Nullartikel bei Berufs-, Funktions- und Nationalitätsbezeichnungen sowie bei Angabe des Unterrichts- und Studienfachs

Sie will Apothekerin werden. – Er ist Pfarrer. – Müller bleibt Vorsitzender des Gartenbauvereins. – Inge studiert Jura.

Merke:

1. Nach den Verben *sein, werden* und *bleiben* steht der Nullartikel:
   a) bei Berufs- oder Funktionsbezeichnungen (auch bei sog. „Freizeitberufen"): *Er ist Briefträger / Postbeamter / Verkäufer / Rechtsanwalt / Landwirt. – Sie wird Rechtsanwältin. – Sie bleibt Direktorin unserer Schule. – Er ist leidenschaftlicher Angler / Amateurfunker / Modellbauer.* Aber: *Er ist ein kluger Landwirt. – Sie ist eine Künstlerin von Ruf.*
   b) bei Nationalitätsbezeichnungen: *Er ist Spanier. – Sie ist Türkin / Österreicherin / Deutsche.* Aber: *Die Schweizer galten als ein wehrhaftes Volk. – Vorhin habe ich die Ägypter aus unserem Hotel getroffen.*
2. Bei Angabe des Unterrichts- und Studienfachs steht der Nullartikel: *In der dritten Stunde haben wir Deutsch, in der vierten Mathematik, dann Turnen. – Meine Schwester studiert Jura, mein Bruder Elektrotechnik, Fachrichtung Elektronik.*

Ergänzen Sie den Artikel, wo es notwendig ist.

1. Dieser junge Mann will _____ Finanzbeamter werden.

2. Hans will _____ Maschinenbau studieren. Dann will er sich auf _____ Schiffsbau spezialisieren.

3. Juan ist _____ Chilene. Er ist zurzeit in _____ Schweiz, um _____ Tiermedizin zu studieren.

4. Herr Kaul ist _____ Richter, der kürzlich _____ Bürgermeister zu drei Jahren Gefängnis verurteilt hat. In seiner Freizeit ist er _____ Jäger.

5. Um _____ Pfarrer werden zu können, muss man _____ Theologie studiert haben.

6. Da sind ja wieder _____ Österreicher, die wir vorhin im Museum getroffen haben!

14 Nullartikel – weitere Fälle

Der Nullartikel steht ferner ...*

a) in festen Zwillingsformen wie *Ebbe und Flut, Haus und Hof, Kind und Kegel* usw. Er kann (muss aber nicht) bei der Dopplung von Substantiven stehen: *Die Diebe stahlen Geld und Schmuck und verschwanden. – Er nahm Hut und Mantel und zog los.*
b) häufig bei festen Wendungen mit einem Verb + Substantiv im Akkusativ: *Atem/Luft holen; Bericht erstatten; Erfolg haben; Unterricht geben / erteilen / halten / nehmen; Feuer machen; Gas geben; Hilfe holen* usw.
c) bei unbestimmten (nicht zählbaren) Mengen: *Aus Wind und Wasser wird Energie gewonnen. – Brot und Kartoffeln sind Grundnahrungsmittel. – Ohne Luft keine Atmung.* Aber: *Das Brot von Bäcker Wess schmeckt am besten.*
d) bei Substantiven, die ein Gefühl, Abstrakta, die eine Eigenschaft, einen Zustand oder Vorgang ausdrücken: *Liebe, Glück, Angst, Freude, Geduld, Arbeit, Fleiß, Erfolg, Hoffnung* usw.

---

* Die Liste erhebt keinen Anspruch auf Vollständigkeit. Hier – wie in dem gesamten Buch – stehen solche Beispiele im Vordergrund, bei denen die häufigsten Fehler gemacht werden.

– etwas mit Liebe tun – Das war Liebe auf den ersten Blick. – Du hast Glück gehabt! – Freude bereiten / spenden – Aber: Ich möchte ihm eine besondere Freude bereiten. – Er ist in Sorge um seinen Bruder. – Hab bitte Geduld! – Er hat viel Arbeit. – Aber: Die Arbeit ist zu schwer für sie! (= eine bestimmte Arbeit) *– mit eisernem/unermüdlichem Fleiß – Ohne Fleiß kein Preis!* (Sprichwort) *– Erfolg haben – Seine Arbeit war von Erfolg gekrönt. – Hoffnung haben; jdm. Hoffnung machen – Der Arzt machte ihr Hoffnung auf Besserung. Aber: Ich habe die Hoffnung, dass er kommt, aufgegeben.*

e) sehr häufig nach *ohne;* häufig auch nach *ab, aus, außer, bei nach, vor: Ohne Ausweis kommen Sie hier nicht herein! – Wir sind heute wieder ohne Zeitung geblieben. – ohne Strom; ohne Einkommen – Ab Januar gibt's mehr Geld. – aus Liebe; aus gutem Hause – bei kleiner Flamme; bei großer Hitze – Bei Tage bleibt die Eule in ihrem Versteck. – Sie zitterten vor Kälte / vor Angst. – vor Aufregung / Ärger / Wut usw. – Sie waren ganz aufgeregt vor Freude. – etwas steht außer Zweifel / außer Frage – Der Chef ist heute außer Haus. – nach Osten / Westen usw. – etwas genau nach Anweisung tun – nach Geschmack würzen.*

f) häufig vor dem Substantiv im nachgestellten Attribut: *ein Politiker von großer Besonnenheit – eine Tat von erschreckender Brutalität – eine Villa mit schönem Park.*

g) bei Substantiven, vor denen ein Genitivattribut steht: *die Dramen Shakespeares,* aber *Shakespeares Dramen* (vgl. § 2, Nr. 6, 7).

Ergänzen Sie, wo es notwendig ist, den Artikel im richtigen Kasus.

1. Das Schiff ist mit _____ Mann (m) und _____ Maus (f) untergegangen. (Redewendung)

2. Die Siedler zogen mit _____ Sack (m) und _____ Pack (m) nach _____ Norden. (Redewendung)

3. Ihm ist schon immer _____ Hemd (n) näher als _____ Rock (m) gewesen. (Redewendung)

4. Wir müssen zu Hause _____ Nachricht (f) geben, wo wir sind.

5. In München hat der Zug zehn Minuten _____ Aufenthalt (m).

6. Er kann nicht _____ Ski (m) fahren, aber _____ Schlittschuh (m) laufen.

7. Haben wir noch genug _____ Brot? (n)

8. _____ Brot vom Kaufhaus hat mir nicht geschmeckt!

9. Ist das hier _____ Trinkwasser? (n)

10. Wir haben jetzt _____ Westwind (m)! _____ Wind hat sich gedreht.

11. Er hat sie aus _____ Liebe (f) geheiratet, nicht wegen _____ Geldes (n, G).

12. Ich habe _____ Geld dabei. Wie viel brauchst du?

13. Er arbeitete mit _____ Fleiß (m) und _____ Energie (f) an dem Projekt; und er hatte _____ Erfolg (m)! Er erhielt den Auftrag. Am Abend feierten sie _____ Erfolg.

14. Viele Ausländer sind ohne _____ Aufenthaltsgenehmigung (f) hier; hast du _____ Genehmigung?

15. Aus _____ Freude (f) über _____ Besuch (m) fing er an, im Zimmer herumzutanzen.

16. _____ Hoffnung (f), dass sie zurückkehrt, ist gering.

17. Sie kamen vor _____ Hitze (f) nicht mehr vorwärts.

18. _____ Wind weht aus _____ Osten (m).

19. Dass er die Wahrheit spricht, steht außer _____ Frage (f).

20. Onkel Otto ist kein Kind von _____ Traurigkeit (f). (Redewendung)

21. Das ist nichts von _____ Bedeutung (f)!

22. Es war ein Ereignis von _____ Tragweite (f), die man anfangs nicht ahnen konnte.

15 Die Pronomen „einer", „eine", „eines", „welche"

> „Hast du ein Blatt Papier?" – „Ja, hier ist eines."
> „Habt ihr noch ein paar Briefumschläge?" – „Ja, hier sind noch welche."

Achtung: Der Kurs hatte zwölf Teilnehmer. *Einer* ist krank geworden. (Nicht: *Ein*)

Merke:

a) Die Pronomen werden im Singular wie der unbestimmte Artikel dekliniert – mit 3 Ausnahmen:

<table>
<tr><td></td><td colspan="3">Singular</td><td rowspan="3">Da steht einer vor der Bank mit einer Pistole in der Hand! – „Noch ein Stück Kuchen?" „Ja, bitte gib mir noch eins!"</td></tr>
<tr><td></td><td>m</td><td>f</td><td>n</td></tr>
<tr><td>N
A</td><td>einer</td><td></td><td>ein(e)s
ein(e)s</td></tr>
</table>

b) Im Plural Nominativ und Akkusativ steht für das Substantiv *welche*: „*Hast du noch Formulare?" „Ja, ich hab' noch welche.*"

c) Dasselbe gilt für *kein* und die Possessivpronomen *mein, dein, sein* usw.: *Keiner hat den Dieb bemerkt. – Keins der Kinder wurde verletzt. – „Wem gehört das Auto?" „Das ist meins (unsres / ihrs).*"

Bilden Sie Sätze nach folgendem Beispiel:

> Ist das mein Kalender? (+) – Ja, das ist *deiner*.
> Ist das dein Handtuch? (–/sein) – Nein, das ist nicht *meins*, sondern *seins*.
> Hast du einen Kugelschreiber? (–) – Nein, ich habe *keinen*.

Ist das ...
1. eure Wohnung? (+)
2. dein Zimmer? (–/ihr)
3. eure Küche? (+)
4. euer Kellerraum? (–/sein)
5. dein Auto? (–/ihr)
6. deine Garage? (+)
7. Ihr Platz? (+)
8. Ihr Billett? (–/sein)
9. sein Haus? (+)
10. ihr Garten? (–/unser)

Haben Sie ...
11. Altpapier*? (+)
12. einen Zehnmarkschein? (–)
13. ein Bügeleisen? (+)
14. einen Putzlumpen? (–)
15. noch Wäscheklammern? [Pl.] (+)
16. einfache Unterwäsche*? (+)
17. noch Nähgarn*? [n] (+)
18. eine Nähnadel? (–)
19. grüne Wolle*? (+)
20. Stricknadeln [Pl.] (–)

---

* unbestimmte Mengen → *welcher, welche, welches*.

Da steht einer vor der Tür! – Hast du Geld? Nein, ich hab' keins.

Ergänzen Sie in dieser Weise die fehlenden Wörter.

21. Familie Huber hatte drei Söhne in der Berufsausbildung. E_____ hat sein Studium gerade abgeschlossen.

22. In der Friedensstraße stehen drei Häuser; e_____ davon gehört meiner Tante.

23. „Ich hab' noch ein paar Äpfel, möchtest du w_____ ?" „Danke, ich möchte jetzt k_____."

24. Die Arbeitslosigkeit ist e_____ der wichtigsten Probleme.

25. E_____ der Anwesenden hat seinen Wagen vor meiner Garage geparkt.

der Preis, -e → einer der Preise

Ebenso:
26. das Experiment, -e   27. der Versuch, -e   28. die Oper, -n   29. der Arzt, ⸚e

der Künstler, – (bedeutend) → einer der bedeutendsten Künstler

Ebenso:
30. der Politiker, – (bekannt)   31. die Kirche, -n (berühmt)   32. das Verbrechen, – (abscheulich)
33. das Gebäude, – (hoch)

Test 9

Ergänzen Sie die Endungen und, wo es notwendig ist, die Artikel.

zu 1: *Bestimmter oder unbestimmter Artikel* a) _____ Gift von Seveso, Dioxin, ist _____ besonders gefährlich_____ Gift. b) Man wusste, dass im Wald _____ wild_____ Tier lebte. Eines Tages gingen die Leute hinaus, um _____ Tier zu fangen. c) Der Junge hatte noch nie in seinem Leben _____ Schiff gesehen. Nun erlebte er _____ Schiffsfahrt, die er nicht mehr vergessen würde: Sie kamen in _____ Sturm und _____ Schiff wurde von _____ Wellen hin und her gerissen.

zu 2: *Unbestimmter Artikel oder Nullartikel* a) Die Touristen warteten auf _____ Nachricht von zu Hause. b) (Zeitungsanzeige:) Suche _____ Einfamilienhäuser für meine Kunden! c) Mein Freund sucht _____ Reihenhaus in Stadtnähe.

zu 3: *Artikel oder Nullartikel* a) Die elektrische Spannung beträgt in _____ Österreich fast überall 220 Volt. b) In _____ USA haben die Städte meist _____ Spannung von 110 Volt; _____ Frequenz (f) beträgt dort 60 Hertz. _____ europäischen Länder haben _____ Frequenz von 50 Hertz. c) Dieser Sportwagen hat _____ Höchstgeschwindigkeit von 250 km/h. (gesprochen: Kilometern in der / pro Stunde) d) In _____ Österreich beträgt _____ Höchstgeschwindigkeit auf _____ Autobahnen 130 km/h, in _____ Schweiz 120 km. Nur in _____ Bundesrepublik Deutschland ist _____ Geschwindigkeit auf _____ Autobahnen nicht begrenzt.

zu 4: *Artikel oder Nullartikel* a) Sie hat _____ hoh___ Fieber. Der Arzt hat ihr _____ Tabletten verschrieben. b) Haben Sie _____ Schmerzen? – Ich habe _____ stark___ Kopfschmerzen. Haben Sie _____ Kopfschmerzmittel? c) Die alte Dame leidet an _____ Arthrose mit _____ Schmerzen in beiden Beinen. Oft hat sie auch _____ Schwindelgefühle. Ihr Arzt sagt, _____ Herz sei schwach und sie habe _____ Kreislaufstörungen.

zu 5: *Bestimmter Artikel beim Superlativ* a) Ich suche _____ Fotogeschäft. – _____ nächst___ Fotogeschäft ist dort neben der Kirche. b) Herr Neureich kauft nur in _____ besten und teuersten Geschäften der Stadt. c) _____ höchst___ Berg der Alpen ist _____ Mont Blanc (m) in _____ Frankreich.

zu 6: *Nullartikel nach „als"* a) Nach dem Zweiten Weltkrieg arbeitete Herr Ziese zunächst als _____ Fotolaborant in _____ Werbeagentur (f) in _____ Berlin. Dann studierte er in _____ Wien und arbeitete später als _____ Assistent bei _____ Professor Listenreich in _____ Heidelberg. b) Als _____ Lehrer krank war, mussten ihn _____ Kollegen vertreten.

zu 7: *Nullartikel bei „Anfang", „Mitte", „Ende"* a) Anfang _____ Monats war ich in _____ Vereinigten Staaten. b) Ich komme Mitte _____ Juni zu dir. c) Ende _____ letzt___ Woche (G) war es hier sehr heiß.

Test 10

Ergänzen Sie die Endungen und, wo es notwendig ist, die Artikel.

zu 8: *Nullartikel bei Stoffnamen* a) _____ Wolfram ist _____ Metall, das bei _____ Herstellung von _____ Glühlampen _____ Verwendung findet. b) Er kauft _____ Gold, denn – so sagt er – _____ Gold behält seinen Wert. c) Hast du _____ Geld, das ich dir gegeben habe, schon ausgegeben? d) Trinkst du gern _____ Milch? _____ Milch soll sehr gesund sein, nicht nur für Kinder, sondern auch für _____ Erwachsene.

zu 9: *Nullartikel nach „heißen" usw.* a) Was ist _____ Hochofen? Ein 30 bis 50 Meter hoh___ Ofen zur Gewinnung von Eisen wird _____ Hochofen genannt. _____ flüssige Eisen, das aus _____ Hochofen herausfließt, wird _____ Roheisen genannt. _____ Heizmaterial für _____ Hochofen gewinnt man aus _____ Kohle; es heißt _____ Koks (m). b) _____ Engländer ist nicht nur _____ männliche Person englischer Herkunft. Es gibt auch _____ Werkzeug, das _____ Engländer heißt. Wahrscheinlich ist _____ Engländer in England erfunden worden. (Der E. ist ein verstellbarer Schraubenschlüssel.)

zu 10: *Nullartikel bei „Gott", bei Ländernamen usw.* a) _____ höchst___ Gott der alten Griechen war Zeus. Seine Tochter, _____ Göttin Athene, war _____ Stadtgöttin Athens. b) In _____ Kirche beten _____ Christen zu _____ Gott. Für sie ist _____ Christus der Sohn _____ Gottes (G). c) _____ Russische Föderation (f) ist _____ größte Staat der Erde, aber _____ China ist _____ Staat mit _____ meisten Menschen. d) Nach _____ Russland ist _____ Kanada _____ Staat mit _____ größten Fläche.

zu 11: *Nullartikel bei kirchlichen Feiertagen* a) An _____ Osterfeiertagen waren wir zu Hause. b) _____ Weihnachten, meistens am ersten Weihnachtsfeiertag, gibt es in vielen Familien _____ Gänsebraten. c) Wir waren _____ Pfingsten bei _____ Großeltern.

zu 12: *Nullartikel bei Eigennamen usw.* a) _____ Angeklagte Robert Sauer wird zu _____ drei _____ Jahren _____ Gefängnis verurteilt. b) Puccini ist _____ bekannt___ Opernkomponist. c) _____ Königin _____ Elisabeth II. hat _____ 1978 _____ Vertrag über _____ Bau (m) _____ Tunnels (m) (G) unter _____ Ärmelkanal (m) unterschrieben. (Der Ä. ist das Meer zwischen Großbritannien und dem Kontinent.) d) _____ Ingenieur _____ Karl Schmidt ist _____ Direktor _____ Eisenwerks Gössner und Sohn (n) (G) geworden.

zu 13: *Nullartikel bei Berufsbezeichnungen usw.* a) _____ Daniel studiert _____ Musikwissenschaft. Er will später _____ Dirigent werden. b) Mein Vater war _____ leidenschaftlicher Jäger. c) Seine Mutter war _____ Österreicherin, sein Vater _____ Deutscher aus _____ ehemaligen DDR (f). d) _____ Künstler Friedensreich Hundert-wasser war _____ Maler und Grafiker, sein Geburtsort ist _____ Wien. e) In _____ Englisch ist Philipp besser als in _____ Deutsch. _____ Mathematik ist sein liebstes Fach. Später will er _____ Mathematik studieren und sich auf _____ Kybernetik spe-zialisieren.

zu 14: *Nullartikel – weitere Fälle* a) In Michaels Zimmer liegt wieder alles wie _____ Kraut und _____ Rüben durcheinander. b) _____ Engländer Conan Doyle erlangte _____ Weltruhm mit seinen Kriminalgeschichten. Im Mittelpunkt stand Sherlock Holmes, _____ Meisterdetektiv, mit seinem Freund _____ Dr. Watson. c) Ihr Antrag, Frau Schmidt, hat _____ Aussicht auf _____ Erfolg! d) Von dem Turm haben Sie _____ herrliche Aussicht auf _____ Stadt. e) Du musst _____ Geduld haben! Es gibt noch Hoffnung auf _____ Heilung. f) Man soll _____ Hoffnung nie aufgeben! g) Achtung! _____ Anlage ist zur Zeit außer _____ Betrieb! h) Kerstin ist noch ohne _____ Einkommen. Aber nach _____ Auskunft von _____ Sachverständigen (Pl.) sind _____ Chancen, eine Stelle zu bekommen, ab _____ nächst___ Jahr wieder günstiger für sie. i) Ohne _____ Fleiß kein Preis! (Sprichwort)

zu 15: *Die Pronomen.* a) Haben Sie noch Reklame-Kugelschreiber? – Nein, wir haben lei-der _____ mehr. b) (Kind zur Mutter:) Kann ich noch ein Brötchen haben? – Ja, hier hast du _____ ! c) Der Amerikaner hatte zwei Brüder. _____ ist in Vietnam gefallen. (ein Bruder) d) Ich brauche noch ein paar Nägel. Hast du noch _____ ? e) Ist das dein Heft? – Ja, das ist _____ .

> der Versuch, -e → *einer der Versuche*

Ebenso:
f) der Bruder, ¨ ___ g) die Schwester, -n ___ h) das Buch, ¨er ___ i) der Deutsche, -n ___
j) das Instrument, -e ___

§ 7 Typische Fehler bei Maß- und Mengenangaben – Der Komparativ zur Abschwächung

1 Mengenangaben im Vergleich

> Die Zahl der Erfolge ist höher als die der Misserfolge. – Es gibt mehr Erfolge als Misserfolge.

Achtung: Die Zahl ... *ist höher.* (Nicht: *mehr*) – *Es gibt mehr* ... – Die Zahl der Frauen ist *höher als die der Männer.* (Nicht: *als die Männer*)

Merke: Eine Zahl *ist groß (größer als)* oder *hoch (höher als)* bzw. *klein (kleiner als)* oder *gering (geringer als): Die Zahl der Frauen ist größer als die der Männer* (nämlich *als die Zahl der Männer*). Aber: *Es gibt mehr Frauen als Männer.*

Üben Sie nach folgendem Beispiel:

> Schiffspassagiere/Matrosen (war niedriger / es gab weniger)
> *Die Zahl der Schiffspassagiere war niedriger als die der Matrosen.*
> *Es gab weniger Schiffspassagiere als Matrosen.*

1. Schüler/Studenten (ist weit höher / es gibt viel mehr)
2. Arbeiter/Angestellte* (ist größer / es gibt mehr)
3. Motorräder/Autos (ist sehr viel geringer / es gibt sehr viel weniger)
4. Insekten/Säugetiere (ist viel größer / es gibt viel mehr)
5. Tote**/Vermisste** (war höher / es gab mehr)
6. Erdbeben in Deutschland / Erdbeben in Italien (ist viel geringer / es gibt viel weniger)

2 Menschen – Bevölkerung

> eine Milliarde Menschen – eine Bevölkerung von einer Milliarde

Achtung: Über *sechs Milliarden Menschen* leben auf der Erde. (Nicht: Über *sechs Milliarden Bevölkerung*)

Merke: *Bevölkerung* ist Singular! Daher: *Die Erde hat eine Bevölkerung von über sechs Milliarden.* Aber: *Auf der Erde leben über sechs Milliarden Menschen.* (Vgl. § 3 Nr. 3)

Bilden Sie Sätze nach folgenden Beispielen:

> China / 1,2 Milliarden Menschen →
> a) In China leben *1,2 Milliarden Menschen.*
> b) China hat *eine Bevölkerung von 1,2 Milliarden.*

---

* *der Angestellte* (Adjektivdeklination): *ein Angestellter, die Angestellten*
** *der Tote, ein Toter, die Toten; der Vermisste, ein Vermisster, die Vermissten*

1. die Schweiz / über sechs Millionen
2. Österreich / acht Millionen
3. die Bundesrepublik Deutschland / 81 Millionen

3 Mengenangaben: das nachgestellte Attribut steht a) im gleichen Fall, b) im Genitiv, c) mit „von" im Dativ

verschiedene Arten Säugetiere / ... der Säugetiere / ... von Säugetieren

Achtung: 20 Prozent *seines Geldes* (Nicht: *sein Geld*)
Es gibt Mengenbezeichnungen, nach denen meist der Genitiv (umgangssprachlich auch *von* + Dativ) steht: *ein Teil des Hauses, die Hälfte der Fragen, die Vielzahl der Angebote* (auch: *Vielzahl von Angeboten*).

Merke:
Die nähere Bestimmung eines Wortes kann nachgestellt sein. Wenn es ein Substantiv ist, so steht es dann entweder
a) im gleichen Fall wie das Beziehungswort: verschiedene Arten *Insekten*, oder:
b) im Genitiv: verschiedene Arten *stechender Insekten* oder: verschiedene Arten *der stechenden Insekten*, oder:
c) mit *von* + Dativ: verschiedene Arten *von Insekten*.

Faustregel: Man halte sich an Beispiel b, wenn der Genitiv erkennbar ist: ein Teil (sein Geld) → *ein Teil seines Geldes*; eine Gruppe (junge Leute) → *eine Gruppe junger Leute*. Im anderen Fall in der Regel an Beispiel c: eine Reihe (Möglichkeiten) → *eine Reihe von Möglichkeiten*.

Besonderheit: das Wort *Mehrzahl* verlangt immer den Genitiv: *die Mehrzahl der Einwohner.*

Bilden Sie Ausdrücke nach den in Klammern angegebenen Beispielen.
1. einige Arten (Giftpflanzen) (a, c)
2. eine geringe Zahl (Schmetterlinge) (a, c)
3. eine Gruppe (Nagetiere) (a, c)
4. eine Anzahl (junge Studenten) (b)
5. ein Teil (die nächtlichen Ruhestörer) (b)
6. die Mehrzahl (die Bewerber) (b)
7. die Hälfte (seine Ersparnisse) (b)
8. ein Viertel (die Bäume) (b)
9. Hunderte (Verletzte) (c)
10. Tausende (amerikanische Soldaten) (b)

4 Der Komparativ als Abschwächung – „ganz" als Abschwächung – „gut" bei Zeit-, Gewichts- und anderen Angaben

> eine ältere Frau – eine ganz gute Leistung – eine gute Stunde

Diese Ausdrücke werden oft falsch verstanden und daher falsch gebraucht.

a) Eine *ältere* Frau ist *jünger* als eine *alte* Frau! Man will damit sagen: Die Frau ist nicht mehr jung, aber sie ist noch keine alte Frau. Ein Sechzigjähriger ist z. B. ein *älterer* Mann, man würde ihn noch nicht als *alten* Mann bezeichnen.

b) Eine *ganz gute* Leistung ist nicht so gut wie eine *gute* Leistung! *Ganz* vor Adjektiven, die eine positive Bedeutung haben, schränkt diese positive Bedeutung oft ein, ähnlich wie *recht*. Die Äußerung: *Das sind nette Leute!* ist positiver als: *Das sind ganz nette Leute!* Ebenso: *recht ordentliche Burschen; eine ganz interessante Arbeit; ein recht gutes Gehalt* usw. *Ganz* wird dabei nicht stärker betont als das nachfolgende Adjektiv.
Aber: *mit einer ganz feinen Nadel* = mit einer sehr feinen Nadel; *eine ganz hervorragende Leistung* = eine besonders gute Leistung; *ein ganz beträchtlicher Unterschied* = ein sehr großer Unterschied. *Ganz* und das nachfolgende Adjektiv werden in diesem Fall betont!

c) Mit Ausdrücken wie *eine gute Viertelstunde, eine gute Woche, ein gutes Jahr* usw. ist etwas mehr als der angegebene Zeitraum gemeint: *Die Reparatur Ihres Fernsehers wird eine gute Woche in Anspruch nehmen,* d. h., es wird etwa acht bis zehn Tage dauern.
Das Gleiche gilt bei Gewichts-, Mengen- oder Längenangaben: *ein gutes Pfund* (oder: *gut ein Pfund*) ist etwas mehr als ein Pfund (= 500 g), *ein gutes Dutzend* (oder: *gut ein Dutzend*) ist etwas mehr als ein Dutzend (= 12 Stück). Ebenso: *ein guter Kilometer (gut ein Kilometer); ein guter halber Meter (gut ein halber Meter)* usw.

Ergänzen Sie.

1. (Das Haus ist nicht sehr alt.) Es handelt sich aber doch um ein _____ Haus.

2. (Der Mann ist nicht mehr sehr jung.) Es handelt sich um einen _____ Mann.

3. (Hanau ist noch keine Großstadt.) Hanau ist aber doch eine _____ Stadt.

4. (Hans hat Geld verloren. Es ist kein kleiner Betrag, aber viel ist es auch nicht.) Es handelt sich also um einen _____ Betrag.

5. (Mein Bruder hat sich ein Haus gekauft. Es ist nicht ganz neu.) Immerhin handelt es sich um ein _____ Haus.

6. Heinz findet das Buch _____ interessant; er wird's irgendwann zu Ende lesen, wenn er Zeit hat.

7. Helga findet das Bild _____ hübsch; aber kaufen möchte sie es doch nicht.

8. Deine Baupläne sind ja _____ schön; aber wer soll das bezahlen?

9. Dieses Kochbuch ist _____ brauchbar; man braucht aber viel Zeit für die Zubereitung der Speisen.

10. (Frau Blümli verlangte ein Kilogramm Rindfleisch. Sie bekam etwas mehr.) Es war ein _____ Kilo Fleisch. (das Kilogramm)

11. (Herr Munz hatte einen Doppelzentner Bausand bestellt; er bekam fast 120 kg.) Es war also ein _____ Doppelzentner Sand.

12. (Von Nixdorf nach Armenhof sind es 5,2 km.) Es sind also ＿＿＿＿＿＿＿ fünf Kilometer zu gehen. Man braucht ＿＿＿＿＿＿＿ eine Stunde für den Weg.

Test 11

Schreiben Sie bitte die Lösung zu 1 und 3 auf ein extra Blatt.

zu 1: *Formen Sie die Sätze um. Verwenden Sie dabei „es gibt".*
a) In den Entwicklungsländern ist die Zahl der alten Menschen niedriger als die der jungen. (weniger)
b) Die Zahl der Einwohner in der chinesischen Stadt Shanghai ist doppelt so hoch wie die der ganzen Schweiz. (so viele)
c) Die Zahl der Gefallenen im 2. Weltkrieg ist über fünfmal so hoch wie die der (Gefallenen) im 1. Weltkrieg. (es hat gegeben / so viele)

zu 2: *„Menschen" oder „Bevölkerung"?*

a) In der Schweiz sprechen 4,1 Millionen ＿＿＿＿＿＿＿＿＿ Deutsch.

b) In Deutschland leben 86 Prozent aller ＿＿＿＿＿＿＿＿＿ in Städten.

c) Im Jahr 1800 haben (nach Schätzungen) etwa 906 Millionen ＿＿＿＿＿＿＿＿＿ auf

der Erde gelebt; Im Jahr 2000 hatte die Welt eine ＿＿＿＿＿＿＿＿＿ von über 6 Milliarden.

zu 3: *Attribut im Genitiv oder mit „von" + Dativ? Beachten Sie die Faustregel in Nr. 3.* a) ein Teil (die Bevölkerung) b) eine Gruppe (indoeuropäische Sprachen) c) eine Klasse (die höhere Schule) d) eine Untergruppe (früh blühende Pflanzen) e) ein kleiner Prozentsatz (Touristen) f) eine große Zahl (Arbeitslose) g) eine Schar (fröhliche Kinder) h) ein Bruchteil (die Ergebnisse)

§ 8 Typische Fehler bei der Negation

1 Negation durch „nicht" oder „nichts"

> Du sagst mir nicht die Wahrheit! – Warum sagst du mir nichts?

Achtung: Leider wussten die Eltern *nichts* davon. (Nicht: *nicht* davon)

Merke:
1. *nicht* verneint a) eine Vorsilbe, b) ein Wort, c) einen Satzteil, d) einen Satz.
   zu a: Du solltest das Fenster *nicht auf-*, sondern *zu*machen!
   zu b: *Nicht er*, sondern *sie* hat gewonnen. – Sie haben *nicht geschlafen*, sondern *gearbeitet*.
   zu c: Wir sind *nicht mit der Bahn*, sondern *mit dem Bus* gefahren.
   zu d: *Ich habe das Buch nicht gelesen.*
   Gegenteil zu d: → der Satz ohne Negation: Er sagt mir *nicht die Wahrheit*. → *Er sagt mir die Wahrheit*.
2. *nichts* (ein unbestimmtes Pronomen) bezieht sich nur auf Sachen oder auf etwas Abstraktes:
   Es gibt nichts zu essen. – nichts Neues, nichts Interessantes.
   Bezieht sich ein Relativsatz auf *nichts*, heißt das Relativpronomen *was*: Es gibt *nichts, was du nicht hören darfst*. (Zur Rechtschreibung vgl. § 10 Nr. 2)
   Gegenteil: *etwas (alles): Sie hat mir nichts gesagt.* → *Sie hat mir etwas (alles) gesagt.*

Hinweis:
Ist man im Zweifel, ob *nicht* oder *nichts* richtig ist, so hilft manchmal die Probe mit dem Gegenteil.
Beispiel a: „Der Mann hört … gut." „Der Mann hört etwas gut" ergibt keinen Sinn. „Der Mann hört gut" ist richtig. Also: *Der Mann hört nicht gut.*
Beispiel b: „Der Mann am Telefon hört … ." „Der Mann am Telefon hört etwas" ist richtig. Also: *Der Mann am Telefon hört nichts.*

„nicht" oder „nichts"?

1. Das Kind ist taubblind, das heißt, es hört und sieht _____ .

2. Der alte Mann ist schwerhörig, das heißt, er hört _____ gut.

3. Als Geschenk für seine Frau war ihm _____ gut genug.

4. Toni ist so unzufrieden; man kann ihm _____ recht machen.

5. Auf die Frage des Professors konnte er _____ antworten.

6. Warum sagen Sie denn _____ ?

7. Warum sagen Sie denn _____ die Wahrheit?

8. Er verrät seinen Freund _____ .

9. Er verrät seinem Freund _____ von seinen Plänen.

10. Vor der ärztlichen Untersuchung darf ich _____ essen.

11. Weißt du denn _____ , was passiert ist? – Nein, ich weiß es _____ .

12. Nein, ich weiß von _____ .

13. Da war ein Sperrschild, aber er hat _____ bemerkt und fuhr weiter.

14. Er hat es _____ bemerkt und fuhr weiter.

15. Es half alles _____ , er musste die Sache der Polizei melden.

16. Die Tabletten helfen überhaupt _____ .

2 Die Stellung von „nicht" im Satz

Er kann nicht Schlittschuh laufen. – Er liest die Zeitung nicht.

Achtung: Nicht: Er kann *Schlittschuh nicht laufen.*
Nicht: Er liest *nicht die Zeitung.*

Merke: Bei der Satzverneinung (vgl. auch § 8 Nr. 1) steht *nicht* meist hinter dem Akkusativobjekt; es steht hinter dem Dativobjekt, wenn kein Akkusativobjekt folgt: *Ich mag den Schriftsteller nicht. – Er hat den Helfern nicht gedankt. – Sie hat es ihr nicht gesagt.* Eine Ausnahme bilden Substantive, die mit dem Verb einen festen Ausdruck bilden: *jdm. die Hand geben; Abschied nehmen; Feuer machen; Schlittschuh laufen* usw. Dann steht *nicht vor* dem festen Ausdruck: *Der Taucher konnte nicht Atem holen. – Der Kleine wollte mir nicht die Hand geben.*

Negieren Sie den Satz mit „nicht".
1. Ich konnte dem Freund das Buch geben.
2. Ich habe dem Hauswirt geholfen.
3. Fritzchen gab dem Onkel die Hand.
4. Er kann Ski fahren.
5. Heinz hatte den Abschiedsbrief erwartet.
6. Ihr dürft hier Feuer machen.
7. Sie haben das Wanderlied singen können.
8. Erna kann Auto fahren.

3 Negation durch „kein" oder „nicht"

keine Wohnungen – nicht viele Wohnungen

Achtung: Ich habe *keine Zeit.* (Nicht: *nicht Zeit*)
Ich habe *nicht viel Zeit.* (Nicht: *kein viel Zeit*)

Merke:
a) *kein* steht im Allgemeinen nur vor dem Substantiv: *Ich habe keinen Bleistift. – Sie hat kein schönes Haar. – In diesem Restaurant gibt es kein gutes Essen.*
b) *nicht ein* wird immer zu *kein.* (Ausnahme: *nicht ein* betont zur Verstärkung: *Nicht ein (einziger) Besucher war gekommen!*
c) *nicht* vgl. auch § 8 Nr. 1.
d) Die Stellung von *nicht* ist oft entscheidend für den Sinn des Satzes: *Er hat nicht alle seine Kinder geliebt.* → *Einige Kinder hat er geliebt. Er hat alle seine Kinder nicht geliebt.* → *Er hat keines seiner Kinder geliebt.*

„nicht" oder „kein-"? Ergänzen Sie die Endungen, wo es notwendig ist.

1. Ich habe _____ Geld.

2. Doris hatte auch _____ genügend Geld bei sich.

3. Nach Kuhdorf gibt es _____ Bahnverbindung.

4. Eine Bahnverbindung nach Kuhdorf gibt es _____ .

5. In diesem Haus wohnt _____ berufstätige Frau.

6. Seine Frau ist auch _____ berufstätig.

7. _____ geimpfte___ Tiere lässt man nicht über die Grenze nach Skandinavien.

8. Wir verkaufen _____ ungeimpfte___ Haustiere.

9. Das ist _____ essbare___ Pilz!

10. _____ essbar___ Pilze sind nicht alle giftig.

11. Noch _____ untersuchte Patienten sollen bitte ihren Krankenschein abgeben!

12. Jetzt habe ich _____ Zeit.

13. Wir haben _____ Zeit.

14. Hans spielt _____ gut Geige.

15. Helga spielt _____ Klavier, sondern Geige.

16. Ich spiele leider _____ Instrument.

„nicht" oder „kein-"? Negieren Sie das kursiv gedruckte Wort.
17. Die Schüler konnten *alle* mitfahren.
18. Der Bus war *so groß*, dass er 80 Schüler aufnehmen konnte.
19. Einige Schüler bekamen von zu Hause *ein Taschengeld*.
20. Einige Eltern erklärten sich mit der Reise ihrer Kinder *einverstanden*.
21. Einige Kinder hatten *warme Kleidung* mitgenommen.
22. Andere hatten *genug Sommerkleidung* mit.
23. Für viele war die lange Wanderung *ein Vergnügen*.
24. Isst du *Spaghetti*?
25. Ich esse *gern* Spaghetti.
26. Er hat gestern *geraucht*.
27. Er hat gestern *eine einzige Zigarette* geraucht.

4   Negation bei Verben wie „abraten", „sich hüten", „warnen" usw.

Rauch nicht so viel! – Ich warnte ihn davor, so viel zu rauchen.

Achtung: Nicht: Ich warnte ihn davor, *nicht so viel zu rauchen*.

Merke: Verben wie *abraten, sich hüten vor, verhindern, vermeiden, verbieten, warnen* enthalten bereits eine Negation. Wenn von solchen Verben ein Nebensatz oder eine Infinitivkonstruktion abhängt, darf diese nicht mehr negiert werden. Richtig ist also: *Ich warnte ihn davor, den Hund anzufassen. – Der Vater hatte dem Sohn verboten, auf der Straße zu spielen.*

Bilden Sie Sätze nach folgendem Beispiel:

> (Verlassen Sie nicht die Kaserne!) Den Soldaten war verboten worden, ...
> *Den Soldaten war verboten worden, die Kaserne zu verlassen.*

1. (Geht nicht heimlich über die Grenze!) Wir warnten die Freunde davor, ...
2. (Er fuhr nicht schneller als mit 50 km/h durch die Ortschaften.) Er hütete sich davor, ...
3. (Essen Sie nicht viel Fett!) Der Arzt sagte, vermeiden Sie, ...
4. (Fahren Sie die gefährliche Strecke nicht bei Nacht!) Der Automobilclub rät ab, ...
5. (Geht bei der Kälte nicht ins Schwimmbad!) Die Eltern hatten den Kindern verboten, ...
6. (Ich wollte von den starken Wellen nicht auf die Steine geworfen werden.) Ich versuchte zu verhindern, ...

5 Die Stellung des Reflexivpronomens bei der Negation

> Er fürchtet sich nicht.

Achtung: Bei mir *hat er sich nicht* gemeldet. (Nicht: *hat er nicht sich*)

Merke: *nicht* steht immer *hinter* dem Reflexivpronomen: *Sie freuen sich nicht. – Sie haben sich über deine Antwort nicht gefreut. – Du wirst dich nicht bei ihm entschuldigen! – ..., weil er sich nicht vorbereitet hat.*

Bilden Sie negierte Sätze im Perfekt.

> er / sich erinnern / an die Verabredung
> Er hat *sich nicht* an die Verabredung *erinnert.*

1. sie / sich erkundigen / nach dir
2. mein Bruder / sich kümmern / um unsere Mutter
3. ich / sich interessieren / für Autos
4. er / sich bemühen / um die Stelle
5. ich / sich wundern / über sein Benehmen
6. er / sich erinnern können / an ihren Vornamen

6 Die Stellung von „nicht" bei Modalwörtern und Modaladverbien

Heinz kommt nicht pünktlich. – Peter kommt wahrscheinlich nicht.

Achtung: Er isst *nicht gern* Salat. (*gern nicht* ist falsch)
Er kommt *wahrscheinlich nicht*. (*nicht wahrscheinlich* ist falsch)

Merke: *nicht* steht *vor* dem modalen Adverb, aber *hinter* dem Modalwort! Es gibt sehr viele modale Adverbien, aber nur etwa vierzig Modalwörter; die häufigsten sind: *allerdings, angeblich, anscheinend, bestimmt, eigentlich, freilich, gewiss, hoffentlich, leider, lieber, natürlich, offenbar, offensichtlich, scheinbar, selbstverständlich, sicher, sicherlich, tatsächlich, vermutlich, vielleicht, wahrhaftig, wahrlich, wahrscheinlich, wirklich, wohl, zweifellos.*
Ferner die Modalwörter, die durch Anhängen von *-licherweise* an Adjektive entstehen, wie *bedauerlicherweise, glücklicherweise* usw. (Bei der Aufzählung wurden Modalwörter wie *keinesfalls,* die keine Negation zulassen, weggelassen.)

Frage: Wie kann man Modalwörter von modalen Adverbien unterscheiden? – Modalwörter beziehen sich auf den ganzen Satz. Als Antwort auf eine Entscheidungsfrage können sie (manchmal mit Negation) allein stehen: *„Kommen die Eltern zu Besuch?" „Wahrscheinlich." – „Ist er krank?" „Leider." – „Würdest du die Reise noch mal machen?" „Lieber nicht!"*
In einem Satz mit Modalwort bezieht sich die Negation meist ebenfalls auf den ganzen Satz. Daher steht *nicht* (vgl. § 8 Nr. 2) am bzw. gegen Ende des Satzes und auf jeden Fall *hinter* dem Modalwort: *Die Eltern kommen wahrscheinlich zu Besuch.* → *Die Eltern kommen wahrscheinlich nicht zu Besuch. – Professor Vogel nimmt möglicherweise am Kongress teil.* → *... nimmt möglicherweise nicht am Kongress teil. – Sie besucht mich hoffentlich.* → *Sie besucht mich hoffentlich nicht.*

Modale Adverbien sind Teil des Prädikats (= Satzaussage): *Wir gehen gern ins Theater.* Die Negation bezieht sich auf das Adverb, nicht auf den ganzen Satz; daher steht *nicht vor* dem Adverb (vgl. § 8 Nr. 2): *Wir gehen nicht gern ins Theater. – Sie kann schnell laufen.* → *Sie kann nicht schnell laufen.*

Semantisch gesehen geben Modalwörter die Einstellung des Sprechers zu dem Geschehen wieder (z. B. *leider, hoffentlich* usw.), modale Adverbien sagen objektiv etwas aus über die Art und Weise eines Geschehens: *gern, umsonst, vergebens* usw. Hierzu gehören auch fast alle Adjektivadverbien wie *fleißig, gut, langsam, schnell.*

Bilden Sie die Negation mit „nicht".
1. Das Flugzeug fliegt sehr schnell.
2. Morgen arbeiten wir wahrscheinlich.
3. Mein Bruder blieb leider in Karlsruhe.
4. Helga kommt wegen der Katzen gern zu uns.
5. Franz kommt vermutlich zu meinem Geburtstag.
6. Der Briefträger bringt die Post immer um elf Uhr.
7. Arbeite ich schnell genug?
8. Ich finde die Bilder dieser Künstlerin sehr gut.
9. Bedauerlicherweise kommt meine Schwiegermutter mit auf die Reise.
10. Das war sicher die richtige Antwort auf seine Frage.

Test 12

Schreiben Sie bitte Ihre Lösung zu 2, 4, 5 und 6 auf ein extra Blatt.

zu 1: *„nicht" oder „nichts"?* a) Sprich bitte lauter! Ich kann _____ verstehen. b) Ich

habe dich _____ verstanden. c) Die beiden haben sich _____ zu sagen. d) Das

wird mir so leicht _____ noch mal passieren! e) Ich kann deine Schrift _____

lesen. f) In der Zeitung steht _____ von dem Unfall. g) Mach bitte das Licht an! Ich

sehe _____ mehr. h) Der Angeklagte kann sich an _____ erinnern.

zu 2: *Negieren Sie die Sätze.* a) Er kann Schreibmaschine schreiben. b) Er kann meine
Schreibmaschine reparieren. c) Kannst du ihr helfen? d) Ich habe ihr das Geld gegeben.
e) Sie hat sich das Leben genommen.

zu 3: *„kein-" oder „nicht"?* a) Auf dieser Strecke verkehrt _____ Schnellzug.

b) Ich habe noch _____ Fahrkarte. c) Hast du denn _____ gewusst, dass

der Zug gleich kommt? d) Im Speisewagen gibt es jetzt _____ Mittagessen mehr.

e) Dieser Zug hat _____ Schlafwagen. f) Der Zug fährt _____ nach Wien,

sondern nach Zürich!

zu 4: *Negation bei „abraten", „hüten" usw.* Beispiel: (Lauf nicht mit den Schuhen durchs
Wasser!) Sie warnte den Jungen davor, ... → Sie warnte den Jungen davor, mit den Schuhen durchs Wasser zu laufen. a) (Schwimm nicht zu weit ins Meer hinaus!) Hüte dich davor,
... b) (Schlucken Sie die Tabletten nicht länger als einen Monat!) Der Arzt warnte den
Patienten davor, ... c) (Geh nicht in dieses Lokal!) Ich warnte ihn davor, ... d) (Macht nicht
die ganze Tour an einem Tag!) Ich riet ihnen ab, ...

zu 5: *Setzen Sie „sich" an der richtigen Stelle ein.* a) Sie sind Geschwister, aber sie verstehen
nicht. b) Er setzte den Hut auf, damit er bei dem kalten Wind nicht erkältet. c) Sie hat die
Adresse nicht gemerkt.

zu 6: *Setzen Sie „nicht" an der richtigen Stelle ein.* a) Ich lese gern Kriminalromane. b) Vom
Englischen ins Deutsche kann sie gut übersetzen. c) Der Außenminister kommt wahrscheinlich nach Belgrad. d) Die Verwandtschaft bleibt hoffentlich bis zum Wochenende.
e) Mein Bruder hat klugerweise den Vertrag unterschrieben. f) Er hatte ihn umsonst vor der
Gefahr gewarnt.

§ 9a Häufig verwechselte oder falsch gebrauchte Substantive

1 Anblick – Ausblick – Blick

der Anblick (nur Sing.)
a) etwas, was man (zufällig) sieht: *Er erschrak beim Anblick des Raubtiers.*
b) das Bild, das sich einem bietet: *Die Tötung des Tieres war kein schöner Anblick.*

der Ausblick, -e
Blick in die Ferne, die Aussicht: *Von der Bergspitze hat man einen herrlichen Ausblick.* (Vgl. *Aussicht*, Nr. 3)

der Blick, -e
a) (kurzes) Hinschauen, ein Zeichen mit den Augen: *Er wich ihrem Blick aus. – Sie warf ihm einen Blick zu.*
b) gleiche Bedeutung wie *Ausblick*

„Anblick", „Ausblick" oder „Blick"?

1. Die Verletzten boten einen traurigen _____ .

2. Er warf einen _____ auf die Uhr.

3. Der _____ vom Turm auf das Meer ist wunderschön.

4. Heinz hatte ein schlechtes Gewissen und wich dem _____ seiner Mutter aus.

5. Das Schiff entschwand langsam unseren _____ . (Pl.)

6. Beim _____ des Bildes wurde ihr schlecht.

2 Anschrift – Aufschrift

die Anschrift, -en: die Adresse: *Meine neue Anschrift lautet: Gießener Str. 13, 63450 Hanau.*

die Aufschrift, -en: das, was auf einer Flasche, einer Verpackung usw. aufgedruckt ist: *Die Aufschrift auf dem Karton lautet: Vorsicht Glas!*

„Anschrift" oder „Aufschrift"?

1. Seine _____ lautet: Petersgasse 12, 80124 München.

2. Ich kann die _____ auf der Flasche nicht lesen.

3. Die Säcke tragen die _____ „Vorsicht! Gift!"

4. Legen Sie stets ein Doppel der _____ in das Paket!

5. Können Sie mir bitte Ihre _____ sagen?

6. Päckchen mit der _____ „Luftpost" kommen in diesen Korb.

3   Ansicht – Aufsicht – Aussicht

die Ansicht, -en
a) Meinung, Auffassung: *Nach meiner Ansicht* (oder: *Meiner Ansicht nach*) *ist diese Ware zu teuer.*
b) Ansehen, Betrachten, Prüfen (*zur Ansicht* = zur Prüfung): *Wir senden Ihnen die Ware zur Ansicht.*
c) Bild, Abbild einer Landschaft, eines Gebäudes: *Diese Postkarte zeigt die hintere Ansicht des Schlosses.*

die Aufsicht, -en
a) Kontrolle, Überwachung: *Die Aufsicht im Schulhof hat heute Herr Meyer.*
b) Person, die die Kontrolle oder Bewachung durchführt: *Der Ausweis muss der Aufsicht vorgezeigt werden.*

die Aussicht, -en
a) (ohne Plural) Blick ins Freie, in die Ferne: *Von der Bergspitze hat man eine herrliche Aussicht.* (Vgl. *Blick, Ausblick*, Nr. 1)
b) bestimmte Erwartung, Hoffnung, Chance: *Es bestehen für ihn keine Aussichten auf eine Anstellung.*

„Ansicht", „Aufsicht" oder „Aussicht"?

1. Bitte schicken Sie mir die Stoffmuster zur _____ !

2. Eine Lehrperson muss in der Pause auf dem Schulhof _____ führen.

3. Vom Fernsehturm hat man eine herrliche _____ auf die Stadt.

4. Viele Zuhörer waren der _____ des Redners.

5. Es besteht für mich keine _____ , einen Studienplatz zu bekommen.

6. Meiner _____ nach ist deine Entscheidung falsch.

4   Antrag – Auftrag

der Antrag, ̈e
a) an eine Behörde gerichtetes Schriftstück mit einer Bitte, einem Gesuch: *(einen Antrag stellen) Ich habe einen Antrag auf Kindergeld gestellt.*
b) in einer Versammlung zur Abstimmung vorgebrachter Vorschlag: *Ich stelle den Antrag, eine außerordentliche Mitgliederversammlung einzuberufen.*

der Auftrag, ̈e
a) Bestellung einer Ware bei einer Firma: *Unsere Firma hat einen Auftrag über die Lieferung von hundert Elektromotoren erhalten.*
b) Anweisung, eine Arbeit auszuführen: *Die Studenten hatten den Auftrag, die Erdproben genau zu untersuchen.*

„Antrag oder „Auftrag"?

1. Der Schreiner hatte den _____ , die Stühle zu reparieren.

2. Füllen Sie bitte den _____ aus, dann bekommen Sie die Fahrtkosten ersetzt!

3. Ich stelle den _____ , dass der Verein ein Jahr lang keine neuen Mitglieder aufnimmt.

4. Der Schüler hatte den _____ , den kranken Kameraden nach Hause zu begleiten.

5. Heinz machte Sabrina einen Heirats_____ .

6. Unser Nachbar, ein Textilvertreter, bringt an guten Tagen zwanzig und mehr _____ (Pl.) mit nach Hause.

5 Berechtigung – Berichtigung

die Berechtigung, -en Genehmigung, Erlaubnis: *Er wurde festgenommen, weil er ohne Berechtigung das Fabrikgelände betreten hatte.*

die Berichtigung, -en Richtigstellung, Verbesserung, Korrektur: *Die Zeitung hatte das Datum einer Veranstaltung falsch angegeben; heute brachte sie eine Berichtigung.*

„Berechtigung" oder „Berichtigung"?

1. Sie haben keine _____ , das Kraftwerk zu betreten!

2. Heute brachte die Zeitung eine _____ der Nachricht von gestern.

3. Klaus muss noch eine _____ seiner Englisch-Arbeit schreiben.

4. Mit voller _____ forderte er eine Zurücknahme der Anschuldigungen.

6 Bodenschätze – Schatz – Schätzung

die Bodenschätze (nur Pl.) in der Erde vorhandene Vorkommen von Kohle, Silber, Eisenerz oder anderen wichtigen oder wertvollen Mineralien: *Russland ist reich an Bodenschätzen.*

der Schatz, ̈e
a) etwas Teures, Kostbares: *Er besitzt einen Schatz von kostbaren alten Gemälden.*
b) Geld, Gold oder Ähnliches, das an einem verborgenen Ort aufgehoben/versteckt ist: *Aus einem Schweizer Bergsee wurde ein Schatz von alten Goldmünzen geborgen.*
c) Kosewort: *Wie geht es dir, mein Schatz?*

die Schätzung, -en ungefähre Bestimmung eines Wertes, einer Entfernung, einer Zeit o. Ä.: *Nach meiner Schätzung sind es noch zwei Kilometer zum Ziel. – Nach Schätzung von Versicherungsfachleuten beträgt der Brandschaden etwa eine Million österreichische Schilling.*

„Bodenschätze", „Schatz" oder „Schätzung"?

1. Nach _____ von Fachleuten ist der Garten 20 000 Mark wert.

2. In dem versunkenen Schiff fanden Taucher ein__ _____ von Münzen und Schmuck.

3. Die Sahara ist arm an _____ .

4. „Mein _____ muss ein Matrose sein." (Schlagertitel)

5. Auch das Grund- und Quellwasser zählt zu d___ _____ .

6. Der Schaden, der durch den Waldbrand entstanden ist, beträgt nach _____
von Fachleuten mehrere Millionen Schweizer Franken.

7 Substantive mit verschiedenem Genus und unterschiedlicher Bedeutung

der/das Erbe – der/das Gehalt – der/die See – die/das Steuer – der/das Verdienst

Einige Substantive haben mit unterschiedlichem Genus (m?, f?, n?) eine unterschiedliche Bedeutung. Der Artikel wird leicht verwechselt. Die wichtigsten Substantive sind:

der Erbe, -n (die Erbin, -nen) jd., der etwas erbt, dem ein Vermögen – z. B. durch den Tod der Eltern – zufällt: *Die Erben haben das elterliche Haus verkauft.*

das Erbe (nur Sing.) das Vermögen, das jd. nach seinem Tod hinterlässt und das einer oder mehreren Personen zufällt: *Als die Eltern starben, mussten die Kinder das Erbe unter sich aufteilen.*

der Gehalt (Pl. selten: -e)
a) gedanklicher, ideeller Inhalt: *Es war eine Rede von geringem Gehalt. – Er liebt Gedichte von philosophisch-religiösem Gehalt.*
b) Anteil eines Stoffes in einer Mischung: *Die Flüssigkeit hat einen Zuckergehalt von 30 Prozent.*

das Gehalt, ̈er monatliche Bezahlung der Beamten und Angestellten: *Die Sekretärin hat ein Gehalt von 3800 DM.*

der See, -n größere, stehende Wasserfläche im Inneren des Landes: *Nördlich und südlich der Alpen gibt es zahlreiche Seen. – „Baden im See verboten!"*

die See, -n = das Meer, oft ein Teilmeer: *die Nordsee, die Südsee; auf hoher See* = auf dem Meer, weit weg vom Land. *Die See geht hoch.* = Es gibt hohe Wellen auf dem Meer.

die Steuer, -n Teil des verdienten Geldes, das an den Staat (ans Finanzamt) gezahlt werden muss: *Bei seinem enormen Einkommen muss er viel Steuern zahlen.*

das Steuer, - Teil bei Autos, Schiffen und Flugzeugen, das zum Lenken dient: *Du sitzt jetzt schon drei Stunden am Steuer; soll ich jetzt mal fahren?*

der Verdienst (Pl. selten: -e) Geld, das man für Arbeit erhält: *Er steckt einen Großteil seines Verdienstes in sein Hobby.*

das Verdienst, -e eine Tat, die anerkannt werden muss: *Es war sein Verdienst, dass das Haus nicht abgebrannt ist.*

Ergänzen Sie, aber nur, wo es notwendig ist.

1. D___ gesamte Erbe des Verstorbenen ging an seinen Neffen.

2. Wenn d___ Erbe die Erbschaft annimmt, übernimmt er automatisch auch die Schulden.

3. Einer der Söhne verlangte, dass ihm d___ Erbe ausgezahlt würde; da mussten d___ Erben das elterliche Haus verkaufen.

4. D___ Gehalt des Angestellten ist erhöht worden.

5. Viele Firmen zahlen zu Weihnachten den Angestellten ein___ 13. Monatsgehalt.

6. Das Abwasser hatte ein___ hohen Gehalt an Schwefelsäure. (H_2SO_4)

7. Die Luft in den Tropen hat ein___ hohen Feuchtigkeitsgehalt.

8. Fritz fährt in den Ferien an d___ Ostsee. D___ Ostsee ist ein Randmeer.

9. D___ Weißensee in Österreich ist ein beliebtes Urlaubsziel.

10. Ein Sturm brauste über das Meer und d___ See ging hoch.

11. Dies___ See ist künstlich angelegt und dient der Trinkwasserversorgung.

12. D___ Steuer des Schiffes war im Sturm gebrochen.

13. D___ Kirchensteuer wird in der Bundesrepublik durch das Finanzamt eingezogen.

14. D___ Steuer für einen Hund beträgt bei uns 60 Mark.

15. D___ Steuer ist beim Auto radförmig.

16. Je leistungsfähiger das Auto, desto höher ist d___ Kraftfahrzeugsteuer.

17. Es war hauptsächlich d___ Verdienst des Torwarts, dass die Fußballmannschaft das Spiel nicht verloren hat.

18. Die Familie lebt vom Einkommen des Mannes; d___ Verdienst der Frau wird für die Abzahlung des Hauses verwendet.

8 Fernsehen – Fernseher

das Fernsehen (substantiviertes Verb von *fernsehen*) das Fernsehprogramm; die Institution des Fernsehens: *Heute Abend kommt im Fernsehen ein Krimi. – Das private Fernsehen ist im Kommen.*

der Fernseher, – der Fernsehapparat: *Schalte bitte den Fernseher an!*

„Fernsehen" oder „Fernseher"?

1. Was gibt es heute Abend im _____ ?

2. Ich glaube, unser _____ ist kaputt!

3. Heute Abend gibt es einen Bericht über China im _____ .

4. Ich möchte einen _____ mit Fernbedienung.

5. „Wenn wir einmal Kinder haben, wird d___ _____ abgeschafft!"

6. „D___ _____ ist Gift für die Kinder!", sagt meine Schwester.

9 Flasche Bier – Bierflasche

eine Flasche Bier ist eine Flasche, gefüllt mit Bier. Ebenso: *eine Flasche Wein, ein Fass Öl, ein Glas Eingemachtes.*
Regel: Die Angabe der Verpackung, des Behälters o. Ä. steht vor der Angabe des Inhalts. Die Angabe des Inhalts steht im gleichen Kasus ohne Artikel. Beide Substantive werden getrennt und großgeschrieben.

eine Bierflasche ist eine Flasche für Bier (sie kann auch leer oder sogar mit einem anderen Inhalt gefüllt sein). Ebenso: *eine Weinflasche, ein Ölfass, ein Einmachglas* (= ein Glas für Eingemachtes, zum Konservieren).

Regel: Die Angabe des Inhalts steht vor der Angabe der Verpackung (des Behälters o. Ä.). Die beiden Substantive werden zusammengeschrieben.

Setzen Sie das passende Wort aus der Klammer in die Sätze ein.

1. (A: Bierflasche / B: Flasche Bier) a) Abends trinkt er gern eine _____ .

    b) Diese _____ kannst du wegwerfen, der Laden nimmt sie nicht zurück.

2. (A: Coca-Cola-Büchse / B: Büchse Coca-Cola) a) Wirf die _____ in den Abfalleimer! b) (Im Laden:) Ich hätte gerne eine _____ .

3. (A: Benzinkanister / B: Kanister Benzin) a) Ich habe immer einen _____

    _____ in meinem Auto als Reserve. b) _____ bekommst du in jedem größeren Warenhaus.

4. (A: Teelöffel / B: Löffel Tee) a) Ich tue immer drei _____ in die Teekanne.

    b) Zu jeder Teetasse gehört ein _____ .

5. (A: Kaffeekanne / B: Kanne Kaffee) a) In welchen Schrank hast du eigentlich die _____

    _____ gestellt? b) Ich mach' uns jetzt erst mal eine _____ .

6. (A: Wäschekorb / B: Korb Wäsche) a) Wir brauchen unbedingt einen neuen _____

    _____ , der alte ist kaputt. b) Ich habe noch einen ganzen _____ zu waschen!

10 Gegensatz – Gegenteil

der Gegensatz, -̈e Unterschied, Widerspruch, Verschiedenheit: *Im Gegensatz zu den Insekten, die sechs Beine haben, haben die Spinnen acht Beine. – Sein Handeln steht im Gegensatz zu seinen Äußerungen.*

das Gegenteil das genau Umgekehrte, Entgegengesetzte: *Das Gegenteil von „heiß" ist „kalt". – Der Angeklagte behauptet plötzlich das Gegenteil von dem, was er vorher gesagt hat.*

„Gegenteil" oder „Gegensatz"?

1. Du hast mich nicht gestört, im _____ , ich habe mich sehr über deinen Besuch gefreut.

2. Es besteht ein große__ _____ zwischen dir und deinem Bruder.

3. Sie ist d__ _____ ihrer Mutter.

4. Mit seinen Maßnahmen erreicht er d__ _____ von dem, was er erreichen wollte.

5. Im _____ zu seinen Geschwistern ist er ruhig und besonnen.

6. Was ist d__ _____ von neu?

11 Gelände – Land – Landschaft – Landwirtschaft

das Gelände (nur Sing.) Stück Land, größeres Grundstück, das einem bestimmten Zweck dient: *ein von Bäumen umgrenztes Gelände – ein hügeliges Gelände – das Fabrik- / das Übungsgelände.*

das Land, ¨er
a) Staat, Provinz; größeres Gebiet: *die Länder Europas; das Land nördlich von Hamburg.*
b) (ohne Pl.) Acker, Feld: *Er hat ein Stück Land gekauft; dort will er ein Haus bauen.*
c) (ohne Pl.) fester Boden (im Gegensatz zu *Wasser*): *Die Enten schwimmen ans Land zurück.*
d) (ohne Pl.) *auf dem / auf das Land* (im Gegensatz zur *Stadt*): *Mein Bruder lebt auf dem Land.*
– *1975 zogen meine Eltern aufs Land.*

die Landschaft, -en größeres zusammenhängendes Gebiet mit bestimmten Merkmalen des Bodens, der Vegetation o. Ä.: *die Heide- / die Fluss- / die Gebirgslandschaft – Es wurden Gesetze zum Schutz der Landschaft beschlossen.*

die Landwirtschaft, -en
a) Wirtschaftszweig, der Ackerbau und/oder Viehzucht betreibt: *Nur ein kleiner Teil der Bevölkerung ist in der Landwirtschaft tätig.*
b) bäuerlicher Betrieb: *Mein Bruder besitzt eine kleine Landwirtschaft.*

„Gelände", „Land", „Landschaft" oder „Landwirtschaft"? Achten Sie auf Singular bzw. Plural! Ergänzen Sie, wo es notwendig ist.

1. Nur fünf Prozent der Bevölkerung der Bundesrepublik sind in d___ _____ _____ tätig.

2. Die meisten _____ Europas stehen in enger wirtschaftlicher Beziehung.

3. Die Motorradfans üben das Fahren in hügeligem _____ .

4. Die Lüneburger Heide ist als _____ von besonderer Schönheit bekannt.

5. Das Schiff nähert sich d___ _____ .

6. Südlich der Nordseeküste gibt es zahlreiche Moore; das sind _____ von eigenartiger Schönheit.

7. Die Stadt sucht ein___ _____ , wo sie Müll lagern kann.

8. Herr Brauer besitzt ein kleines Stück _____ , wo er Ziegen und Schafe züchtet.

9. Er liebt das Leben auf d___ _____ .

10. D___ _____ hinter diesem Zaun ist militärisches Gebiet.

12   der Junge (ein Junge) – das Junge (ein Junges) – der junge Mann

der Junge, -n (n-Deklination, vgl. § 2 Nr. 1 und Teil 1 Anhang, Tab. 2) Kind männlichen Geschlechts: *Herr und Frau Müller haben einen/zwei Jungen und ein Mädchen.*

das Junge, -n, ein Junges (Adjektivdeklination) = Tierkind: *Unsere Katze hat ein Junges / vier Junge.*

der junge Mann, die jungen Männer

Merke: Eine männliche Person zwischen etwa 16 und 25 Jahren ist kein „Junge", sondern „ein junger Mann".

„Junge", „Junges" oder „junger Mann"? Achten Sie auf Singular bzw. Plural.

1. Unsere Katze hat fünf _____ gekriegt.

2. Meine Schwester hat zwei _____ und ein Mädchen.

3. Gestern im Schwimmbad ist beinahe ein _____ von zehn Jahren ertrunken.

4. Die Hündin hat drei _____ ; ein _____ haben wir behalten.

5. Ihr Freund ist ein netter _____ von 22 Jahren.

6. Die Eselin hat ein _____ zur Welt gebracht; der Sohn von unserem Nachbarn

   liebt d____ _____ sehr.

13   Kleid – Kleidung

das Kleid, -er Kleidungsstück für Frauen; es besteht meist aus einem Stück: *Was hast du für ein hübsches Kleid an!*

die Kleidung (ohne Pl.) Gesamtheit der Kleidungsstücke: *Mir fehlt es an leichter Kleidung für den Sommer.*

Besonderheiten:
a) Der Plural von *Kleid/Kleider* bedeutet auch: die Gesamtheit der Kleidungsstücke. Das Wort kann sich auch auf männliche Bekleidung beziehen: *Der Fernfahrer ist drei Tage nicht aus den Kleidern gekommen.*
b) Man spricht auch vom *Kleid* der Tiere: *das Federkleid, das Winterkleid, das Hochzeitskleid.*

„Kleid" oder „Kleidung"? Achten Sie auf die Endungen.

1. Frau Kramer kauft sich zur Hochzeit ihrer Tochter ein elegant____ _____ .

2. Der Junge braucht unbedingt warme _____ für den Winter.

3. Er trägt immer ziemlich abgerissen____ _____ .

4. Häng d____ _____ bitte auf den Bügel!

5. Die Menschen in dem Land waren zwar arm, doch ihr____ _____ war stets sauber.

6. Die Soldaten sind während des Manövers nicht aus ihr____ _____ gekommen.

14 Kost – Kosten – Unkosten

die Kost (nur Sing.) Essen, Verpflegung: *Der Patient darf nur leichte Kost zu sich nehmen. – Er erhält freie Kost in der Armenküche.*

die Kosten (nur Pl.) Summe, die für etwas gezahlt werden muss; Ausgaben: *Die Kosten für die Reparatur betrugen 500 Mark.*

die Unkosten (nur Pl.) Ausgaben, die neben den normalen Kosten entstehen: *Wir erstatten Ihnen die Unkosten, die zusätzlich durch die Änderung der Reiseroute entstanden sind.*

Anmerkung: Die Begriffe *Kosten* und *Unkosten* werden häufig nicht klar unterschieden.

„Kost", „Kosten" oder „Unkosten"?

1. Er lebt ganz gern auf anderer Leute _____ .

2. Die beiden Politiker haben ihre Afrikareise auf eigene _____ gemacht.

3. Ingrid hat bei ihren Verwandten freie _____ und Wohnung bis zum Ende ihres Studiums.

4. Sie zahlen nur den reinen Anschaffungspreis für die Möbel; Lieferung und sonstige _____ _____ übernimmt die Firma.

5. Bei unserer USA-Reise entstanden uns neben den Ausgaben für den Flug _____ in Höhe von 2000 Mark.

6. Die schwere _____ in diesem Land ist mir nicht gut bekommen.

15 Mangel – Mängel

der Mangel (nur Sing.) das Fehlen von etwas, was man braucht, was notwendig ist: *Mangel an Wasser / an Geld / an Heizmaterial – Der Patient leidet unter Mangel an roten Blutkörperchen.*

die Mängel (nur Pl.) Fehler; etwas, was nicht so ist, wie es sein sollte: *Schon bald traten Mängel an der Maschine auf. – Diese wissenschaftliche Arbeit weist verschiedene Mängel auf.*

„Mangel" oder „Mängel"?

1. Wer bezahlt die Reparatur, wenn es _____ an dem Gebrauchtwagen gibt, der Käufer oder der Verkäufer?

2. In vielen Ländern herrscht (herrschen?) _____ an Lebensmitteln.

3. D___ _____ an Disziplin auf dem Schiff hätte (hätten?) beinahe zu einer Katastrophe geführt.

4. Der Gebrauchtwagen hatte zu viel (zu viele?) _____ , deshalb habe ich ihn nicht gekauft.

5. Wegen schwer wiegendem (schwer wiegender?) _____ an der Decke der Turnhalle musste das Gebäude vorübergehend geschlossen werden.

6. D___ _____ an Betten führte (führten?) zu einem Ausbau des Krankenhauses.

16 Leute – Personen – Männer – (zwei) Mann

Achtung: (Zeitungsnotiz:) Bei dem Unfall wurden *drei Personen* verletzt. (Nicht: *Leute*)

Leute (nur Pl.) nichtoffizieller Ausdruck für eine Anzahl Personen: *Kennst du die Leute dort drüben? – Die Leute gehen in die Kirche.*

Personen (Pl. von „Person") Menschen als Individuen (im Gegensatz zu *Leute*), im offiziellen Sprachgebrauch üblich: *Bei dem Unfall wurden vier Personen verletzt. – Personen ohne Ausweis mussten mit auf die Polizeiwache kommen.*

Männer (Pl. von „Mann") im Gegensatz zu *Frauen: Drei Männer und zwei Frauen stellten sich für den Versuch zur Verfügung.*

Mann (Pl.) mit einem Zahlwort davor steht *Mann* für *Personen*, nicht für *Männer: Mit fünf Mann haben wir den Umzug durchgeführt.* (Die *fünf Mann* können Männer, Frauen oder Kinder sein.)

„Männer", „Leute", „Personen" oder „Mann"?

1. Das Auto ist für fünf _____ zugelassen.

2. Bei dem Zugunglück wurden zwölf _____ schwer verletzt.

3. Unsere Nachbarn sind sehr nette _____ .

4. Am Wochenende sind viele _____ unterwegs um einzukaufen.

5. Die Besatzung des Bootes bestand aus fünf _____ und einer Frau.

6. Wir brauchen noch zwei _____ zum Kartenspielen.

17 Ernährung – Nahrungsmittel – Nahrung – Lebensmittel

die Ernährung (nur Sing.)
1. a) das Ernähren, Ernährtwerden, die Nahrungszufuhr: *Falsche Ernährung führt zu Erkrankungen. – Der Landwirt muss für eine vernünftige Ernährung seiner Schweine sorgen.*
   b) Art der Nahrungsmittel: *tierische/pflanzliche Ernährung.*
2. wirtschaftliche Versorgung: *für die Ernährung der Familie sorgen – die Ernährung der Hungernden in der Welt.*

Anmerkung: Die Begriffe *Nahrung* und *Ernährung* überdecken sich teilweise. Sie sind jedoch nicht identisch. *Ernährung* ist eher das Essen (bei Tieren: das Fressen), das gegeben wird. Man spricht z. B. von *Nahrung* bei Tieren, die sich ihr Futter selbst suchen: *Der Igel sucht sich seine Nahrung meist während der Nacht.* Aber: *Der Landwirt hat die Ernährung seiner 200 Schweine sorgfältig abgestimmt.* Man spricht von der *Ernährung* der Weltbevölkerung und meint damit die *Versorgung* der Weltbevölkerung mit Nahrung.

das Nahrungsmittel (meist im Pl.: die –) Waren, die Menschen und Tiere zur Ernährung brauchen (→ *Grundnahrungsmittel*) *In die Hungergebiete wurden Nahrungsmittel eingeflogen. – Das wichtigste Nahrungsmittel Indiens ist der Reis.*

die Nahrung (nur Sing.) alles zur Ernährung von Mensch und Tier Dienende: *gesunde / kräftigende / ausreichende / reichhaltige / fettreiche / feste / flüssige Nahrung – Das Laub der Bäume dient dem Maikäfer als Nahrung. – Die Nahrung der Neugeborenen sollte möglichst aus Muttermilch bestehen.*

die Lebensmittel (nur Pl.) Sammelbegriff für Nahrungs- und Genussmittel; Esswaren, Getränke, die zum Bedarf des täglichen Lebens gehören: *leicht verderbliche / tierische / pflanzliche Lebensmittel – Die Expedition war mit Lebensmitteln für drei Wochen ausgerüstet. – Lebensmittel finden Sie in unserer Lebensmittelabteilung im Erdgeschoss.*

Anmerkung: Die Begriffe *Nahrungsmittel* und *Lebensmittel* überdecken sich teilweise. Jedoch wird das Wort *Lebensmittel* (im Gegensatz zu den *Nahrungsmitteln*) ausschließlich für Waren des menschlichen Bedarfs gebraucht. Zu den Lebensmitteln gehören auch Genussmittel wie Wein oder Schokolade.
Nahrungsmittel dagegen sind Mittel, die zum Aufbau und zur Erhaltung des Organismus notwendig sind. Oft versteht man unter *Nahrungsmitteln* noch nicht zubereitete Ware wie Weizen, Mais usw. Man spricht daher von *Grundnahrungsmitteln.* (Das Wort „Grundlebensmittel" gibt es nicht!)

„Nahrung", „Ernährung", „Nahrungsmittel" oder „Lebensmittel"?

1. Die _____ der Elefanten in der Wildnis besteht hauptsächlich aus Gras und dem Laub der Bäume.

2. Die Versorgung der Bevölkerung mit _____ ist nicht überall sichergestellt.

3. _____ aller Art finden Sie im Erdgeschoss des Kaufhauses.

4. Diese _____ sind leider verdorben; du musst sie wegwerfen.

5. Der Patient kann nur noch flüssige _____ zu sich nehmen.

6. Im Krieg wurde die _____ der Bevölkerung immer schwieriger.

7. Unter „künstlicher _____ " versteht man die Zuführung von Nahrung in die Blutbahn.

8. Verschiedene Hilfsorganisationen schickten große Mengen _____ in das Katastrophengebiet.

9. Der arbeitslose Vater machte sich große Sorgen wegen der _____ seiner Kinder.

18 Polizei – Polizist

die Polizei (nur Sing.) Institution für öffentliche Ordnung und Sicherheit: Gesamtheit der Polizeibeamten: *Die Polizei muss für Ordnung sorgen. – Der Gastwirt rief die Polizei. – Es wurden Vorwürfe gegen die Polizei erhoben.*

der Polizist, -en (die Polizistin, -nen) Angehöriger der Polizei: *Zwei Polizisten machten einen Kontrollgang.*

Merke: Vielfach sind beide Ausdrücke möglich: *Die Polizei / Ein Polizist verhaftete den Ladendieb.* Achten Sie auf das Beziehungswort: Die Polizei → sie + Singular: *Die Polizei kam sofort. Sie sperrte die Straße.*

„Polizei" oder „Polizist (Polizisten)"?

1. An allen Schaltern kontrollierte d___ _____ die Flugpassagiere ganz genau.

2. D___ _____ bildete eine Kette und ließ niemand durch.

3. Mit Radarwagen kontrolliert d___ _____ die Geschwindigkeit der Kraftfahrzeuge.

   In den Wagen sind immer mindestens zwei _____ .

4. Ein Schulkamerad ist _____ geworden.

5. _____ haben manchmal einen harten Job.

6. Dabei ist es nicht so ungefährlich, _____ zu sein.

19   Schuld – Schulden

die Schuld (nur Sing.) Gefühl, das man wegen einer bösen / schlechten / irrtümlichen Handlung empfindet. Ursache für etwas Negatives, für ein schlechtes Ergebnis: *Ich fühle mich frei von Schuld. – Ich habe Schuld* an dem Missverständnis. Ich bin schuld an dem Missverständnis. – Schuld an dem Unfall war ein abgefahrener Reifen. – seine Schuld anerkennen / eingestehen / zugeben / leugnen – jdm. die Schuld zuschieben.*

Anmerkung: *Schuld* wird auch im Sinne von *Schulden* gebraucht, aber meist in bestimmten Zusammenhängen, z. B.: *Auf dem Haus liegt eine Schuld von 50 000 Mark.* Man hält sich zur Vermeidung von Ausdrucksfehlern besser an die hier gegebene Regel:

Schulden (Pl.) Rückstände bei der Bezahlung, Verpflichtung zur Rückgabe von Geld. Hier wird meist der Plural verwendet: *Er hat Schulden von über 20 000 Franken. – Was er geerbt hat, waren hauptsächlich Schulden.*

„Schuld" oder „Schulden"?

1. Wer hat _____ an dem Unfall?

2. Der Vater hat die _____ seines Sohnes zurückgezahlt.

3. Unser Haus ist jetzt frei von _____ .

4. Er hat sich so in _____ gestürzt, dass er jetzt nicht mehr ein noch aus weiß.
   (= dass er nicht mehr weiß, wie es weitergehen soll.)

5. Herr, vergib uns unsere _____ ! (Gebet)

6. Du solltest die _____ nicht bei den anderen suchen, sondern bei dir selbst!

20   Staat – Staaten; Stadt – Städte; Stätte – Stätten

der Staat, -en Gemeinschaft von Menschen innerhalb von Grenzen mit gemeinsamer politischer Organisation; Land: *In der UNO sind 185 Staaten vertreten. – Deutschland, die Schweiz und Österreich sind Bundesstaaten.*

---

* **Zur Rechtschreibung:** *schuld* in Verbindung mit *sein* wird kleingeschrieben: *Du allein bist schuld! – Aber: Die Schuld liegt bei ihm. Er allein hat die Schuld.*

die Stadt, ̈e größere geschlossene Siedlung: *Eine Stadt ist meist von einer Anzahl Dörfern umgeben. – New York, Tokio und Shanghai gehören zu den größten Städten der Welt.*

die Stätte, -n Stelle, Platz, Ort: *Konzentrationslager sind Stätten des Grauens. Stätte* steht meist in Zusammensetzungen: *die Werkstätte, Heimstätte, Ruhestätte* usw.

„Staat", „Stadt" oder „Stätte"? Singular oder Plural?

1. Die Bundesrepublik Deutschland hat 84 _____ über 100 000 Einwohner.

2. Die Europäische Union (EU) besteht aus 15 _____ .

3. Parks sind _____ der Ruhe und Erholung.

4. Viele Erdöl exportierende _____ haben sich in der OPEC zusammengeschlossen.

5. Hier an dieser _____ soll ein Denkmal errichtet werden.

6. Mauern und Türme sollten früher die _____ vor Feinden schützen.

21 Untersuchung – Versuch – Versuchung

die Untersuchung, -en das Herausfinden einer Sache / eines Sachverhalts mit Hilfe bestimmter Methoden: *eine medizinische / gerichtliche / polizeiliche / chemische Untersuchung – Die Untersuchung des Patienten ergab keinen Befund.*

der Versuch, -e Experiment, Probe: *der Fluchtversuch; der Täuschungsversuch; der chemische/physikalische Versuch – Der Versuch, die Bergsteiger zu retten, misslang.*

die Versuchung, -en Verlockung zu etwas Unrechtem, Unklugem, zu etwas, was man eigentlich nicht tun will: *jdn. in Versuchung führen – in Versuchung geraten – Er hat sich das Rauchen gerade abgewöhnt; führe ihn mit deiner Zigarette bitte nicht in Versuchung!*

„Untersuchung", „Versuch" oder „Versuchung"?

1. D____ polizeiliche _____ des Bombenanschlags blieb bisher ohne Ergebnis.

2. D____ chemische _____ endete mit einer Explosion.

3. Einen Augenblick lang war er in _____ , den Apfel zu stehlen.

4. Eva führte Adam bekanntlich mit einem Apfel in _____ .

5. D____ ärztliche _____ dauerte nur fünf Minuten.

6. D____ _____ , aus dem Gefängnis zu entfliehen, misslang.

22 Verfahren – Verhalten

das Verfahren, -
a) die Methode, die Art und Weise eines Vorgehens: *Dieses Metall wird nach einem neuen Verfahren gewonnen.*
b) gerichtliche Untersuchung: *Gegen den Angeklagten wird ein Verfahren eingeleitet.*

das Verhalten (Pl.: die Verhaltensweisen) das Benehmen, das Reagieren auf Einflüsse: *das einwandfreie/freche/unverschämte Verhalten eines Menschen – Der Hund zeigt ein gestörtes Verhalten.*

„Verhalten" oder „Verfahren"?

1. Der Forscher studierte das _____ von Wölfen im Rudel. (= in der Gruppe)

2. Das _____ der Menschen bei Gefahr ist sehr unterschiedlich.

3. Mit einem besonderen _____ prüft der Wissenschaftler die Intelligenz von Ratten.

4. In einem komplizierten technischen _____ kann man aus Kohle Benzin gewinnen.

5. Das Gericht hat das _____ gegen den Angeklagten eingestellt.

6. Bei seinem _____ ist es kein Wunder, dass ihm die Leute davonlaufen.

23 Vorkommen – Vorkommnis

das Vorkommen, – Vorhandensein von Bodenschätzen, z. B. von Erzen, Steinkohle, Öl usw.: *Die arabische Halbinsel ist reich an Erdölvorkommen.*

das Vorkommnis, -se das Ereignis, der Vorfall: *Der Tag verlief ohne besondere Vorkommnisse.*

„Vorkommen" oder „Vorkommnis"? Singular oder Plural?

1. Namibia hat große Uran_____ .

2. Seit dem unangenehmen _____ hat er die Gaststätte nicht mehr betreten.

3. Außer einem Unfall hat die Polizei keine besonderen _____ gemeldet.

4. In der Nordsee sind vor einigen Jahren _____ von Erdöl und Erdgas gefunden worden.

5. Die _____ von Kupfer und Chrom in der Türkei sind beachtlich.

6. Aus seiner Jugend war ihm ein _____ besonders im Gedächtnis haften geblieben.

24 (das Wort) Wörter – Worte

das Wort, ̈er als einzelnes Wort ohne Zusammenhang: *Das Telegramm hat zwölf Wörter. – Viele Wörter haben mehr als eine Bedeutung.*

das Wort, -e ein Satz (Sätze), die in einem bestimmten Zusammenhang gesprochen werden: *ein paar Worte der Entschuldigung / der Begrüßung / des Trostes – ein bekanntes Wort von Goethe usw.*

„Worte" oder „Wörter"?

1. Ein paar _____ fehlen mir noch in dem Kreuzworträtsel.

2. Der Betriebsleiter sprach ein paar _____ zur Begrüßung der Gäste.

3. Es tut mir leid, aber deine _____ überzeugen mich nicht!

4. Ich kenne die Bedeutung der einzelnen _____ , aber ich verstehe den Sinn des Satzes nicht.

5. Seine mitfühlenden _____ haben mich sehr getröstet.

6. Es wurde viel geredet, aber das meiste waren leere _____ .

Test 13

zu 1: *„Anblick", „Ausblick" oder „Blick"?* a) Beim _____ des Geldes bekam er große Augen. b) Auf einen _____ des Richters verstummte der Angeklagte. c) Wegen des Nebels hatten wir vom Feldberg überhaupt keinen _____ . d) Dieses halb verfallene Haus ist wirklich kein schöner _____ ! e) Wir werfen nun einen _____ auf die andere Rheinseite. f) (Zeitungsanzeige:) Wohnung mit _____ aufs Meer zu vermieten.

zu 2: *„Anschrift" oder „Aufschrift"?* a) Seine _____ können Sie dem Telefonbuch entnehmen. b) Die _____ (Pl.) aller Kunden sind im Computer gespeichert. c) Es ist großer Leichtsinn, Benzin ohne entsprechende _____ in eine Weinflasche zu füllen. d) Auf dem Deckel der Dose stand die _____ „Cylontee".

zu 3: *„Ansicht", „Aufsicht" oder „Aussicht"?* a) Wie ist denn Ihre _____ zum Bau des Atomkraftwerks? b) Sie hat keine _____ , eine Stelle zu bekommen. c) Die _____ (Pl.) in der Landwirtschaft sind zur Zeit schlecht. d) Gefundene Gegenstände bitte bei der _____ abgeben! e) Der Beamte Grosser hatte die _____ über die Strafgefangenen.

zu 4: *„Antrag" oder „Auftrag"?* a) Heinz hatte den _____ , das Geld einzusammeln. b) Der Textilvertreter kam ohne einen einzigen _____ zurück. c) Ein Mitglied stellte den _____ , die Diskussion zu beenden. d) Über den _____ wurde abgestimmt.

zu 5: *„Berechtigung" oder „Berichtigung"?* a) Der Lehrer verlangt von den Schülern eine _____ der Übersetzungsarbeit. b) Mit welcher _____ kommen Sie denn hier herein? c) Das Fernsehen brachte eine _____ der Lottozahlen.

zu 6: „*Bodenschätze*", „*Schatz*" oder „*Schätzung*"? a) Seine Vorfahren hatten im Garten ein___ _____ vergraben. b) Ich muss fort, leb wohl, mein _____ _____ ! c) Nach _____ eines Fachmanns ist das Auto noch 9000,– DM wert. (gesprochen: „Demark", nicht „Deutschmark"!) d) In der Türkei gibt es zahlreiche _____ . e) Wem gehören die _____ des Meeresbodens? f) Eine _____ des Schmucks ergab einen Wert von über einer Million Mark.

zu 7: „*das*" oder „*der Erbe*"? a) Beim Tod der Eltern gab es Streit zwischen den Kindern um d___ _____ . b) Nicht selten streiten sich die _____ (Pl.) um d___ _____ .
c) D___ _____ muss d___ _____ nicht antreten. (*antreten* hier: übernehmen, annehmen) d) Wenn die Schulden größer sind als der sonstige Wert d___ _____ (G), wird d___ _____ d___ _____ wahrscheinlich nicht antreten.
„*das*" oder „*der Gehalt*"? a) D___ Gehalt eines Briefträgers ist nicht sehr hoch. b) D___ Zuckergehalt dieser Marmelade beträgt 50 Prozent.
„*der*" oder „*die See*"? a) D___ Attersee liegt in den nördlichen Voralpen. b) D___ Südsee ist ein Teil des Pazifischen Ozeans. c) Der Nord-Ostsee-Kanal verbindet d___ Nordsee mit d___ Ostsee. d) Um Kap Hoorn ist d___ See fast immer stürmisch.
„*die*" oder „*das Steuer*"? a) D___ Steuer des Autos bestand früher aus Holz. b) Für ein Auto zahlt man pro 100 ccm ein___ Steuer von DM 13,20. (gesprochen: dreizehn Mark zwanzig) c) Auch auf Salz und Streichhölzern liegt ein___ Steuer. d) Der Kapitän übernahm für kurze Zeit d___ Steuer des Schiffes.
„*der*" oder „*das Verdienst*"? a) Es war d___ Verdienst der Bürgervereinigung, dass der Lärm aufhörte. b) Es ist d___ Verdienst meines Freundes, dass ich die Stelle bekommen habe.
c) D___ Verdienst eines Kaufmanns ist abhängig von der Zahl der Kunden. d) Der junge Mann hat ein___ Verdienst von 800,– Mark im Monat.

Test 14

zu 8: „*(der) Fernseher*" oder „*(das) Fernsehen*"? a) Um 20 Uhr bringt d___ _____ Nachrichten. b) D___ _____ muss repariert werden. c) Schaust du dir auch immer die Sportschau im _____ an? d) Heinz sitzt den ganzen Abend vor d___ _____ .

zu 9: *„Flasche Bier" oder „Bierflasche"?* a) Hast du noch eine _____ für mich? b) Heb die _____ auf, du bekommst Geld dafür, wenn du sie zurückgibst!

zu 10: *„(der) Gegensatz" oder „(das) Gegenteil"?* a) Im _____ zu seinem Vater, der hellblond ist, hat er ganz schwarze Haare. b) D___ _____ von dick ist dünn. c) Ist die Kamera teuer? Nein, im _____ , sie ist spottbillig. d) Seine Art zu leben steht im _____ zu seinem Vermögen.

zu 11: *„(das) Gelände", „(das) Land", „(die) Landschaft" oder „(die) Landwirtschaft"?* a) Ein Sportstadion soll auf d___ _____ südlich der Stadt gebaut werden. b) Viele Arbeiter betreiben in ihrem Dorf nebenher ein___ klein___ _____ _____ . c) D___ _____ um den Honigberg soll Naturschutzgebiet werden. d) D___ _____ hier ist militärisches Übungsgebiet. e) D___ ganz____ _____ und die Wälder, die du hier siehst, gehören der Familie von Waldthausen.

zu 12: *„(der) Junge" (= Knabe) oder „(das) Junge" (= Tierkind)?* a) D___ _____ von einer Stute (= weibliches Pferd) nennt man Fohlen. b) Unsere Hündin hat drei _____ _____ gekriegt; ein___ _____ haben wir verschenkt. c) Der Älteste meiner Schwester ist jetzt zehn; er ist ein___ nett___ _____ . d) In unserer Familie waren wir drei _____ und ein Mädchen.

zu 13: *„(das) Kleid" oder „(die) Kleidung"?* a) In ihrem Hochzeits____ sah sie hübsch aus. b) Im Sommerschlussverkauf waren alle _____ (Pl.) im Preis stark heruntergesetzt. c) Auf der Radtour konnten die Jungen nicht viel _____ mitnehmen.

zu 14: *„(die) Kost", „(die) Kosten" (Pl.) oder „(die) Unkosten" (Pl.)?* a) Im Gefängnis bestand___ seine _____ meist aus dicken Suppen. b) Der Ingenieur flog auf _____ seiner Firma nach New York. c) Auf seiner Reise entstanden außer dem Flug noch _____ in Höhe von 3000,– DM. d) Für _____ und Unterkunft zahlt der Student 600 Mark.

zu 15: *„(der) Mangel" oder „(die) Mängel" (Pl.)?* a) Schon nach einem Monat gab es _____ an der Maschine. b) Der neue Hausbesitzer stellte schon bei der Übergabe des Hauses zahlreiche _____ fest. c) D___ _____ an Trinkwasser führte zur Abwanderung der Menschen in benachbarte Gebiete. d) D___ _____ an Nahrung führt dazu, dass immer weniger Zugvögel nach Mitteleuropa kommen.

zu 16: *„Männer", „Leute", „Personen" oder „Mann" (als Plural)?* a) Wie viel _____ ,
Kinder mitgerechnet, nehmen an der Reise teil? b) Vier _____ und zwei Frauen
wurden bei dem Unfall verletzt. c) Was die _____ von mir denken, ist mir ganz
egal! d) Elf _____ bilden eine Fußballmannschaft. e) Zum Skatspielen braucht
man drei _____ *(der Skat* = Kartenspiel) f) Das Auto ist für fünf _____
zugelassen; d. h., es dürfen nicht mehr als fünf _____ darin fahren.

zu 17: *„(die) Nahrung", „(die) Ernährung" oder „(die) Lebensmittel" (Pl.)?* a) Der Flücht-
ling versteckte sich im Wald; seine _____ bestand ausschließlich aus
Beeren. b) Mit Flugzeugen wurde__ _____ für die hungernde
Bevölkerung herbeigeschafft. c) Die _____ war jedoch nur für eine
Woche gesichert. d) Im Krieg bekam die Bevölkerung _____karten.
Ohne diese Karten bekam man nichts zu essen.

zu 18: *„(die) Polizei" oder „(der) Polizist"?* a) D__ _____ an der Kreuzung regelt
den Verkehr. Er macht das sehr elegant. b) Du kannst d__ _____ unter der Nummer 110 jederzeit telefonisch erreichen.

zu 19: *„die Schuld" oder „die Schulden" (Pl.)?* a) Du hast _____ , wenn wir zu
spät kommen! b) Ich habe noch über 3000 Mark _____ bei der Bank. c) Es war
meine _____ , dass wir uns verlaufen haben.

zu 20: *„Staaten", „Städte" oder „Stätten"?* a) Kirchen, Tempel und Moscheen sind _____
_____ des Gebets. b) Die EFTA ist ein wirtschaftlicher Zusammenschluss mehrerer
europäischer _____ . c) In der Hanse hatten sich im Mittelalter zahlreiche
_____ , darunter auch Hamburg und Bremen, zusammengeschlossen. d) In der
Berliner Straße befinden sich zahlreiche Autowerk_____ .

zu 21: *„(die) Untersuchung", „(der) Versuch" oder „(die) Versuchung"?* a) Man machte d__
_____ , die verfeindeten Politiker wieder an einen Tisch zu bringen.
b) Ein__ gerichtlich__ _____ wurde angeordnet. c) Der Wein war,
wie ein__ chemisch__ _____ zeigte, einwandfrei. d) Mit Alkohol
kannst du mich nicht in _____ führen! (e) Der Angeklagte war einen
Augenblick in _____ , alles zu leugnen. *(leugnen* = eine Tat abstreiten)

zu 22: *„Verhalten" oder „Verfahren"?* a) Beobachten Sie bitte das _____ des
Metalls, wenn ich es jetzt ins Feuer halte! b) Die Forscherin studierte das _____
_____ der Affen im Urwald. c) Am Montag beginnt das _____ gegen den

Angeklagten Blümli. d) Die Instrumente werden nach dem neuesten _____ hergestellt.

zu 23: *„Vorkommen" oder „Vorkommnis"?* a) Auf dem Schiff hat es ein merkwürdiges _____ gegeben. b) Es hatte eine Schlägerei gegeben. Ein Polizist machte eine Meldung von dem _____ . c) Österreich hat verschiedene Eisenerz- und Erdöl_____ .

zu 24: *„Wörter" oder „Worte"?* a) Ein Schüler kann täglich 10 bis 15 neue _____ in der Fremdsprache lernen. b) Dieses Lexikon hat etwa 10 000 Stich_____ . c) Der Hausherr richtete einige freundliche _____ an die Gäste. d) „Leeres Stroh dreschen" heißt: nutzloses Zeug reden, _____ ohne tiefere Bedeutung sprechen.

§ 9b Häufig verwechselte oder falsch gebrauchte Verben

1 sich abspielen – passieren

Was hat sich auf dem Schulhof abgespielt? – Ist etwas passiert?

sich abspielen (spielte sich ab, hat sich abgespielt) geschehen, sich ereignen; dabei steht die Abfolge des Vorfalls im Vordergrund: *Der Banküberfall hat sich folgendermaßen abgespielt: Zuerst …, dann …, schließlich … .*

passieren (passierte, ist passiert) sich ereignen, geschehen von etwas Unangenehmem/Ungewolltem/Unerwartetem: *Vor unserem Haus ist ein Unglück / etwas Schreckliches / etwas Merkwürdiges passiert.* (Vgl. § 9b Nr. 18)

Besonderheit: *passieren* wird nicht bei Naturereignissen verwendet. (Also nicht: „Ein Erdbeben ist passiert", sondern: *Ein Erdbeben hat sich ereignet.* Oder: *Es hat ein schweres Erdbeben gegeben.*)

Bilden Sie Sätze in der angegebenen Zeit.
1. wie, können passieren, das schwere Unglück, eigentlich (Prät.)
2. der Unfall, sich abspielen, folgendermaßen (Perf.)
3. wie, sich abspielen, die mündliche Prüfung, im Einzelnen (Fut.)
4. bei dem Verkehrsunfall, außer Blechschäden, Gott sei Dank, nichts passieren (Perf.)

2 abwehren – sich wehren

Sie wehrten den Feind ab. – Sie wehrten sich gegen den Feind.

Achtung: Sie versuchten, *die Feinde abzuwehren.* (Nicht: *sich die Feinde abzuwehren*)

jdn./etwas abwehren (wehrte ab, hat abgewehrt) z. B. die Neugierigen, die Fliegen, einen Verdacht, einen Vorwurf, einen Angriff: *Der Angriff des Gegners von See her wurde abgewehrt.*

sich wehren (wehrte sich, hat sich gewehrt) gegen jdn. oder etwas z. B. gegen Angriffe, Vorwürfe, Beleidigungen usw.: *Kurt wehrte sich gegen die Vorwürfe seiner Geschwister.*

Merke: Beachten Sie den Bedeutungsunterschied:
a) *Die Bürger wehrten sich gegen den Angriff des Feindes.* Der Ausgang ist ungewiss. Mögliche Folge: Sie wurden aber schließlich doch besiegt.
b) *Die Bürger wehrten den Angriff des Feindes ab.* Die Bürger konnten sich mit Erfolg verteidigen.

Bilden Sie Sätze nach dem folgenden Beispiel:

> Hans versuchte (die Angriffe der politischen Gegner)
> a) Hans versuchte, die Angriffe der politischen Gegner abzuwehren.
> b) Hans versuchte, sich gegen die Angriffe der politischen Gegner zu wehren.

1. Inge versuchte (mit einem Insektenspray / die Stechmücken)
2. Der Junge versuchte (die Faustschläge eines Klassenkameraden)
3. Sie warfen Gras ins Feuer und versuchten (mit dem Qualm / die Fliegen)
4. Der Bürgermeister war bemüht (durch seine Erklärungen in der Zeitung / die immer wieder erhobenen Anschuldigungen)
5. Der Wanderer versuchte (durch Stockschläge / den bissigen Hund)
6. Die Einwohner in dem Überschwemmungsgebiet versuchten (durch Sandsäcke / das eindringende Wasser)

3 achten – beachten

> Bitte, achten Sie auf den Straßenverkehr! – Beachten Sie bitte unser Angebot!

achten (achtet, achtete, hat geachtet)
a) *jdn./etwas achten* = schätzen, respektieren: *Ich achte ihn als Kenner der Materie.*
b) *achten auf jdn./etwas* = Beachtung schenken; aufpassen: *Achten Sie auf Ihre Tasche! – Achten Sie darauf, dass Ihnen die Tasche nicht gestohlen wird!*

jdn./etwas beachten jdm./einer Sache Aufmerksamkeit schenken: *Beachten Sie unsere geänderten Dienststunden. – Er hat mich / meine Ratschläge überhaupt nicht beachtet.*

Achtung: *Achten Sie bitte auf die Vorschriften!*
Beachten Sie bitte die Vorschriften! (Vgl. *abwehren – wehren*, Nr. 2)

„achten" oder „beachten"? Setzen Sie das passende Verb in der richtigen Form ein.

1. Alle _____ diese Frau wegen ihres Mutes. (Prät.)

2. Als Verkehrsteilnehmer müssen Sie auf die Verkehrzeichen _____ !

3. Die alte Dame hat die Stufen nicht _____ und ist gestürzt.

4. _____ Sie bitte die Gebrauchsanweisung!

5. Der Chef _____ ihn sehr wegen seines Fachwissens.

6. Fritz, _____ auf den Kleinen, dass er nicht auf die Straße läuft! (Imper.)

4 anbauen – einbauen

> Der Bauer hat Zuckerrüben angebaut. – Wir haben eine Garage angebaut. – In die Ecke habe ich einen Schrank eingebaut.

etwas (A) anbauen (baute an, hat angebaut)
a) auf großen Flächen anpflanzen: *Zuckerrüben kann man nur auf guten Böden anbauen.*

58   § 9b

b) etwas (z. B. ein Gebäude) erweitern: *Unser Nachbar hat an sein Haus einen Büroraum angebaut.*

etwas (A) einbauen (baute ein, hat eingebaut) etwas in etwas hineinsetzen, montieren: *Ich habe ein Radio mit vier Lautsprechern in mein Auto eingebaut.*

„anbauen" oder „einbauen"? Setzen Sie das passende Verb in der richtigen Form ein.

1. In Mitteleuropa werden vielerlei Getreidesorten _____ .

2. Wir haben noch eine Garage an unser Haus _____ .

3. Die Werkstatt hat einen neuen Motor in meinen Wagen _____ .

4. Unser Hausherr hat eine neue Heizung im Keller _____ lassen.

5. Der Redner hatte in seinen Vortrag sehr anschauliche Beispiele _____ .

6. Früher wurde Mais bei uns nicht _____ .

5 anbieten – bitten – beten

Er bot mir Wein an. – Er bat um ein Glas Wasser. – Er betete zu Gott.

Häufiger Fehler: Verwechslung der Verben bzw. der Stammformen.

jdm. etwas anbieten (bietet an, bot an, hat angeboten) jdm. etwas zur Verfügung stellen; hinreichen zum Zugreifen; zum Kauf oder Tausch offerieren: *Er bot ihm eine Stelle in seiner Firma an. – Sie hat den Gästen Nüsse angeboten. – Wir können diese Waren zum Sonderpreis anbieten.*

jdn. bitten (bittet, bat, hat gebeten) (um + A) sich mit einer Bitte an jdn. wenden: *Ich bitte dich, sei still! – Er bat seinen Vater um Geld. – Der Richter hat um Ruhe gebeten.*

Achtung: Verwechseln Sie nicht die Präposition *um* mit der Konjunktion *um*! Er *bat mich um Hilfe.* (Nicht: Er *bat mich, um zu helfen.*) Oder: Er bat mich *darum, ihm zu helfen.*

Merke: *bitten* niemals mit *um* + Infinitiv verbinden! (Vgl. § 5 Nr. 21)

beten (betet, betete, hat gebetet) (zu + D) mit Gott sprechen: *Die Kinder haben zu Nacht gebetet. – Er betete zu Allah.*

Setzen Sie das passende Verb im Präteritum ein.

1. Die Bauern _____ zu Gott und flehten um Regen.

2. Als mein Auto kaputt war, _____ mein Freund mir seinen Wagen _____ .

3. Der Kunde _____ den Apotheker um ein gutes Kopfschmerzmittel.

4. Tausende waren gekommen, _____ und sangen Kirchenlieder.

5. Nach dem furchtbaren Erdbeben _____ die Regierung das Ausland um Hilfe.

6. Viele Länder _____ ihre Hilfe _____ .

Verwandeln Sie die präpositionalen Ausdrücke in Infinitivsätze mit „darum", wie in folgendem Beispiel:

Er bat mich um Hilfe. (jdm. helfen) – Er bat mich *darum, ihm zu helfen.*
---

7. Wir baten ihn um Nachricht. (jdn. benachrichtigen)
8. Ich bitte dich um Geduld. (sich gedulden)
9. Hast du ihn wieder um Geld gebeten? (jdm. Geld leihen)
10. Er hatte sie um ihre Telefonnummer gebeten. (jdm. die Telefonnummer geben)
11. Er wird morgen seinen Chef um ein Zeugnis bitten. (jdm. ein Zeugnis geben)
12. Bitte ihn doch endlich um seine Hilfe! (jdm. helfen)

 6 ändern – verändern – wechseln

Das Gesetz wurde geändert. – Er hat sich sehr verändert. – Ich habe Geld gewechselt.

(sich) ändern (änderte [sich], hat [sich] geändert) etwas tritt an die Stelle von etwas: *Die Farbe der Postbriefkästen wurde nach dem Krieg geändert. – Das Gesetz wurde geändert. – Das Wetter ändert sich. – Er hat seine Meinung geändert. – Das Flugzeug / Der Wind hat seine Richtung geändert.*

(sich) verändern (veränderte [sich], hat [sich] verändert) etwas entwickelt sich aus etwas: *Der Teppich hat sich durch das Sonnenlicht verändert; alle Farben sind blasser geworden. – Die Jahre der Gefangenschaft hatten ihn verändert; er war alt und grau geworden. – Langsam veränderte sich der Himmel; erst war er blau, dann wurde er immer dunkler.*

Besonderheit: Wenn an Kleidungsstücken etwas anders gemacht wird, spricht man von *ändern*, nicht von *verändern*: *Ich muss das Kleid ändern* (z. B. kürzer, länger, enger oder weiter machen).

wechseln (wechselte, hat gewechselt)
a) etwas durch etwas Neues, anderes ersetzen: *Er hat die Wäsche / die Wohnung / seine Stelle gewechselt. – Regen wechselte mit Sonnenschein. – Sie wechselten das Thema* (= sprachen von etwas anderem).
b) für einen größeren Geldbetrag kleinere Scheine oder Münzen im gleichen Wert geben oder bekommen oder auch umgekehrt: *Können Sie mir den Hundertmarkschein wechseln? – Geld in eine andere Währung umtauschen: Ich habe 500,– Euro in britische Pfund gewechselt.*

Merke: *ändern* bezieht sich meist auf *eine* Sache, *wechseln* auf zwei oder mehrere Dinge.

„ändern", „verändern" oder „wechseln"? Setzen Sie das passende Verb in der richtigen Form ein.

1. Seit er studiert, hat er sich sehr _____ .

2. Sie muss sich _____ , sonst verliert sie ihre Stellung.

3. Können Sie mir eine Mark _____ ? Ich brauche ein paar Groschen.

4. An dem Mietpreis wird sich für drei Jahre nichts _____ .

5. Ich glaube, ich werde meine Einstellung zu den Grünen _____ müssen.

6. Die Form des Mondes _____ sich von Tag zu Tag ein wenig.

7. Es gibt Leute, die _____ ihre politische Einstellung wie ihr Hemd.

8. Ich muss meinen Mantel _____ lassen; er ist mir zu eng geworden.

9. Er will seinen Beruf _____ und Elektriker werden.

10. Diese Wiese hat sich in wenigen Tagen ganz _____ ; auf einmal blüht alles.

7   anziehen – umziehen – ausziehen

> Er zog sich schnell an. – Morgen ziehen wir um. – Sie müssen zum 30. ausziehen.

anziehen (zieht an, zog an, hat angezogen)
a) *sich/jdn./etwas anziehen* = Kleidung anlegen: *Bevor ich mich anziehe, wasche ich mich. – Sie zog ihre Tochter an und brachte sie zum Kindergarten. – Zieh bitte deinen guten Anzug an!*
b) *jdn./etwas anziehen* = Anziehungskraft ausüben: *Ein Magnet zieht Eisen an. – Die Ausstellung zog viele Besucher an.*
c) fest drehen: *Ich habe alle Schrauben fest angezogen.*
d) im Preis steigen: *Kalbfleisch zieht wieder an.*

umziehen (zieht um, zog um, hat/ist umgezogen)
a) *sich/jdn. umziehen, hat (sich) umgezogen* = Kleidung wechseln: *Er zog sich um, bevor er ins Theater ging. – Mutter hat die Kleine umgezogen.*
b) *umziehen, ist umgezogen* = die Wohnung wechseln: *Am 30. November ziehen wir um.* (Aber bei näherer Bestimmung: *Wir ziehen in die Marktstraße. – Wir sind von Augsburg nach München gezogen.*) – *Familie Mai ist gestern umgezogen.*

ausziehen (zieht aus, zog aus, hat/ist ausgezogen)
a) *sich/jdn. ausziehen, hat (sich) ausgezogen* (Gegensatz: *anziehen*) = alle Kleider ablegen: *Nach dem Spiel zogen sich die Sportler aus und gingen unter die Dusche.*
b) *ausziehen, ist ausgezogen* (Gegensatz: *einziehen*) eine Wohnung / ein Zimmer freimachen / räumen: *Zum 15. soll ich hier ausziehen. – Aus der lauten Wohnung sind wir gern ausgezogen.*

„anziehen", „umziehen" oder „ausziehen"? Setzen Sie das passende Verb in der richtigen Form ein.

1. In diesen alten Kleidern kann ich nicht in die Stadt gehen; ich muss mich erst _____ .

2. Er hat sich _____ und ist in die Badewanne gestiegen.

3. Was soll ich bei der Hitze bloß _____ ? Mir fehlt ein leichtes Sommerkleid.

4. Heidi hat die Puppe _____ und gewaschen; dann hat sie ihr ein neues Kleid _____ .

5. Wenn wir _____ sind, könnt ihr unser neues Haus bewundern.

6. Herr Neumann ist schon voriges Jahr hier _____ . Ich weiß nicht, wo er jetzt wohnt.

8 auflösen – auslösen

Die Versammlung löste sich auf. – Du musst 100 g Salz im (in) Wasser auflösen. – Seine Worte lösten laute Protestrufe aus.

etwas (A) auflösen (löste auf, hat aufgelöst)
a) etwas in einer Flüssigkeit zergehen lassen: *So lange rühren, bis der Zucker im Tee aufgelöst ist.*
b) *sich auflösen* = zergehen, verschwinden: *Der Zucker hat sich aufgelöst. – Der Verein löste sich am 31.12. auf.*
c) verschwinden lassen, nicht mehr länger bestehen lassen: *Die Ehe wurde aufgelöst. – Sie lösten ihr Geschäft schließlich auf.*
d) eine Lösung, ein Ergebnis finden: *ein Rätsel auflösen* (häufiger: *ein Rätsel lösen*)

jdn./etwas auslösen (löste aus, hat ausgelöst)
a) einen Mechanismus in Gang setzen: *Die Skiläufer hatten eine Lawine ausgelöst.*
b) eine Wirkung hervorrufen: *Seine Worte lösten Beifall / Begeisterung / Entrüstung aus.*
c) jdn. freikaufen: *Die in Mittelamerika inhaftierten Schweizer wurden von ihrer Regierung ausgelöst.*

„auflösen" oder „auslösen"?

1. Beifall _____
2. eine Versammlung _____
3. eine Katastrophe _____
4. einen Schuss _____
5. eine Ehe _____
6. den Kameraverschluss _____

7. einen Protest _____
8. Gefangene _____
9. ein Rätsel _____
10. eine Firma _____
11. Zucker in Wasser _____
12. einen Club _____

9 aufsetzen – anziehen

Er setzte die Brille auf. – Er zog die Handschuhe an.

aufsetzen (setzte auf, hat aufgesetzt) etwas auf etwas setzen (Gegensatz: *absetzen*): *die Brille / den Hut / die Mütze aufsetzen* (aber: *die Schuhe / den Mantel / die Handschuhe anziehen!*) – *ein Stück Stoff / eine Tasche auf den Mantel aufsetzen; einen Topf (auf den Herd) aufsetzen* – (fig.) *Er setzte eine böse Miene auf.* (= Er machte ein böses Gesicht.)

(sich/jdn.) anziehen (zieht an, zog an, hat angezogen) (vgl. § 5 Nr. 24) den Körper mit Kleidung versehen (Gegensatz: *ausziehen*): *Er zog sich an, frühstückte und ging aus dem Haus.*

„aufsetzen" oder „anziehen"?

1. die Brille _____
2. die Strümpfe _____
3. die Jacke _____

4. den Hut _____
5. die Schuhe _____
6. eine Maske _____

7. die Hose _____

8. eine unfreundliche Miene _____

9. Handschuhe _____

10. die Kartoffeln _____

10 aufwachen – aufwecken

> Ich bin heute spät aufgewacht. – Ein Donnerschlag hatte mich aufgeweckt.
> (Vgl. auch § 9b Nr. 52)

aufwachen (wachte auf, ist aufgewacht) vom Schlaf erwachen, wach werden: *Nach zwölf Stunden wachte der Verletzte aus seiner Ohnmacht auf. – Ich bin von dem Lärm aufgewacht.*

aufwecken (weckte auf, hat aufgeweckt) jdn. wach machen: *Weck bitte das Kind nicht auf! –* (fig.) *aufgeweckt* = lebhaft, klug, intelligent: *Fritz ist ein aufgeweckter Junge!*

„aufwachen" oder „aufwecken"? Setzen Sie das passende Verb in der richtigen Form ein.

1. Warum hast du mich so früh _____ ?

2. Gegen Mittag ist er endlich _____ .

3. Von dem Lärm _____ wir alle auf. (Prät.)

4. Der Wecker _____ mich jeden Morgen um sechs Uhr _____ . (Perf.)

5. Er _____ heute Morgen von selbst _____ . (Perf.)

6. Ich _____ in der Nacht mehrere Male _____ . (Perf.)

11 aussteigen – absteigen

> Ich bin am Westbahnhof ausgestiegen. – Radfahrer müssen hier absteigen.

aussteigen (steigt aus, stieg aus, ist ausgestiegen) (aus)
a) ein Fahrzeug (mit geschlossenem Raum) verlassen: *Er ist aus dem Bus ausgestiegen und zum Bahnhof gegangen. –* (In der Straßenbahn:) *„Endstation! Alles aussteigen!"*
b) sich nicht mehr (an einem Unternehmen) beteiligen, nicht mehr mitmachen: *Zwei Geldgeber sind aus dem Geschäft ausgestiegen.*

absteigen (steigt ab, stieg ab, ist abgestiegen)
a) von einem Rad, einem Pferd, einem Felsen usw. heruntergehen: *Die Bergsteiger sind an der Südwand abgestiegen. – Er stieg ab und schob das Fahrrad über die Grenze.*
b) vorübergehend wohnen: *In Salzburg sind wir im Hotel Drei Linden abgestiegen.*

„aus-" oder „ab-"?

1. Der Zug hielt und die Leute stiegen _____ .

2. Vor dem Haus hielt er das Pferd an und stieg _____ .

3. Der Reisende ist im „Hotel Stern" _____gestiegen.

4. Herr Maier ist aus Altersgründen aus dem Geschäft _____gestiegen.

5. Der Berg war so steil, dass die Radfahrer _____ steigen und ihr Rad schieben mussten.

6. Achtung! Radfahrer vor der Brücke _____ steigen!

12 berichten – berichtigen – benachrichtigen

Die Zeitung berichtet Näheres über die Ausstellung. – Berichtigen Sie bitte die Fehler! – Ich konnte ihn leider nicht rechtzeitig benachrichtigen.

jdm. (über/von) etwas berichten (berichtet, berichtete, hat berichtet) sachlich darstellen, mitteilen, melden: *Er hat seinem Freund seine Erlebnisse (über seine Erlebnisse / von seinen Erlebnissen) berichtet. – Das Fernsehen berichtete über das Ereignis.*

Achtung: Fehlt das Dativobjekt, muss *über/von* stehen.

jdn./etwas berichtigen (berichtigt, berichtigte, hat berichtigt) jdn./etwas verbessern: *Ich muss dich berichtigen: morgen, nicht heute ist die Versammlung! – Er wusste nicht, ob er die falsche Aussage berichtigen sollte.*

jdn. benachrichtigen (benachrichtigte, hat benachrichtigt) von etwas: jdn. informieren: *Wir müssen sofort die Eltern von dem Vorfall benachrichtigen.*

„berichten", „berichtigen" oder „benachrichtigen"? Setzen Sie das passende Verb in der richtigen Form ein.

1. Die Werkstatt _____ mich, sobald mein Motorrad repariert ist. (Präs.)

2. Die Schüler _____ die Fehler. (Präs.)

3. Die Zeitung hat nichts von dem Unfall _____ .

4. Heute hat die Zeitung ihre Meldung von vorgestern _____ ; nicht 1000, sondern 10 000 Menschen waren gekommen.

5. Im letzten Brief _____ Inge von ihren Erlebnissen in Kanada. (Präs.)

6. Die Angehörigen des Verletzten wurden von der Polizei _____ .

13 betrachten – beobachten

Er betrachtet die Figur von allen Seiten. – Der Polizist beobachtet den Verkehr auf der Straße.

jdn./etwas/sich betrachten (betrachtet, betrachtete, hat betrachtet) etwas Stillstehendes genau in Ruhe anschauen: *Sie betrachtete das Bild sehr genau. – Lange hat er das Gesicht des Toten betrachtet.*

jdn./etwas beobachten (beobachtet, beobachtete, hat beobachtet) etwas Bewegtes, einen Vorgang aufmerksam mit den Augen verfolgen: *Er beobachtet den Zug der Vögel. – Der Hund beobachtete jede Bewegung seines Herrn. – Die Kranke wird ständig beobachtet.*

„betrachten" oder „beobachten"? Setzen Sie das passende Verb in der richtigen Form ein.

1. Sie hat die Fotos lange _____ .

2. Wir sind auf den Turm gestiegen und haben die Landschaft _____ .

3. Menschen in der ganzen Welt _____ den Flug der Rakete im Fernsehen. (Präs.)

4. Sie können in diesem Museum Kunstwerke der Moderne _____ .

5. _____ Sie einmal den Künstler bei seiner Arbeit!

6. Er hat es allerdings nicht gern, wenn man ihn ständig _____ .

14 brauchen – gebrauchen – verbrauchen

> Ich brauche keine Hilfe. – Er gebraucht häufig Ausreden. – Hast du das Geld schon verbraucht?

jdn./etwas brauchen (brauchte, hat gebraucht)
a) nötig haben: *Wir brauchen einen Arzt. – Ich brauche viel Zeit für die Arbeit.*
b) verwenden: *Wozu brauchst du diesen Apparat?*

etwas (A) gebrauchen (gebrauchte, hat gebraucht)
a) verwenden, benützen, anwenden: *Er gebraucht sein Taschenmesser als Schraubenzieher. – Die Jungen gebrauchen gern Kraftausdrücke. – Der Fernseher ist nicht zu gebrauchen.*
b) *gebraucht* = benützt, nicht mehr neu: *Sie hat die Babykleidung gebraucht gekauft.*

Merke:
a) *brauchen* oder *gebrauchen*? Beide Verben kann man im Sinn von *verwenden, anwenden, benutzen* verwenden: *Er brauchte/gebrauchte seine Garage als Werkstatt.* Falsch ist die Verwendung von *gebrauchen* im Sinn von *nötig haben.* (Also nicht: Wir *gebrauchen dringend Hilfe.*)
b) *brauchen* + zu + Infinitiv (vgl.: § 9b Nr. 35): *Du brauchst nur anzurufen, dann hole ich dich ab.* In dieser Form wird *brauchen* nur in der Verneinung oder in Verbindung mit *nur* oder *bloß* verwendet.

Beachten Sie: *Ihr hättet mir kein Geld zu schicken brauchen.* (Nicht: *zu schicken gebraucht*) → Konstruktion wie bei den Modalverben. Aber im Gegensatz zu den Modalverben (z. B.: *Du darfst mich nicht anrufen.*) verlangt *brauchen* immer den Infinitiv mit *zu*: *Du brauchst mich nicht anzurufen.* Bei zwei oder mehr Infinitiven steht vor jedem Infinitiv *zu*: *Die Menschen brauchten sich nicht mehr anzustellen und zu warten, bis sie drankamen.*

etwas (A) verbrauchen (verbrauchte, hat verbraucht)
a) etwas von einer Menge nehmen und verwenden: *Die Waschmaschine verbraucht viel Strom.*
b) verwenden, bis nichts mehr übrig ist: *Wir haben unseren Vorrat an Kartoffeln verbraucht.*
c) *verbraucht* = abgenützt, nicht mehr leistungsfähig, durch Gebrauch schlecht geworden: *Die harte Arbeit hat seine Kräfte frühzeitig verbraucht. – Die Luft ist verbraucht.*

„brauchen", „gebrauchen" oder „verbrauchen"? Setzen Sie das passende Verb in der richtigen Form ein. (Manchmal sind zwei Verben möglich!)

1. Unseren Vorrat an Waschpulver haben wir jetzt _____ ; wir müssen neues kaufen.

2. Ich _____ eine Landkarte, sonst finde ich mich hier nicht zurecht. (Präs.)

3. Wir haben viel Zeit _____ , um den Wagen zu reparieren.

4. Das Rad kannst du haben, ich habe es nur einmal _____ .

5. Er _____ einen gebogenen Draht, um die Tür zu öffnen. (Prät.)

6. Der Wanderer war am Ende; seine Kräfte waren _____ .

7. Hast du vielleicht meinen Kugelschreiber _____ und mir nicht zurückgelegt?

8. Zu Weihnachten _____ manche Leute ihr letztes Geld, um Geschenke zu kaufen.

9. Es war ein strenger Winter und wir haben viel Heizöl _____ .

10. An dieser Stelle _____ man den Infinitiv. (Präs.)

11. _____ deine Fäuste, wenn sie dich angreifen! (Imper.)

12. Ich _____ keine Millionen, ich _____ keinen Pfennig zum Glück! (Präs.)

15 brennen – anbrennen – verbrennen – abbrennen

> Das Haus brennt. – Die Suppe ist angebrannt. – Ich habe mich verbrannt. – Der Stall ist abgebrannt.

Achtung: Das Haus ist *abgebrannt.* (Nicht: *verbrannt*) – Ich habe mich *verbrannt.* (Nicht: *gebrannt*)

brennen (brannte, hat gebrannt)
a) in Flammen stehen, glühend heiß sein: *Hilfe, es brennt! – Das Haus (das Holz / der Ofen) brennt. – (fig.) Die Sonne brennt im Gesicht. – Die Füße brennen vom langen Marsch. – Mir brennen die Augen (vor Hitze).*
b) leuchten: *Tausend Lampen brennen im Saal. – Die Birne brennt nicht mehr. – Du hast das Licht im Bad brennen lassen.*

anbrennen (brannte an, ist angebrannt) – hat anbrennen lassen
a) anfangen zu brennen: *Das Holz im Ofen will nicht anbrennen.*
b) beim Kochen oder Braten durch zu viel Hitze zu dunkel oder schwarz werden: *Das Fleisch ist angebrannt. – Der Koch hat das Fleisch anbrennen lassen.*

verbrennen (verbrannte, hat/ist verbrannt)
a) durch Feuer vernichtet werden: *Viele Bücher sind in der Bibliothek verbrannt.*
b) durch zu viel Hitze schwarz und unbrauchbar werden: *Der Braten ist verbrannt.*
c) durch Feuer absichtlich vernichten: *Ich habe das Papier verbrannt.*

sich verbrennen (verbrennt sich, verbrannte sich, hat sich verbrannt)
sich durch große Hitze verletzen: *Hast du dich verbrannt? – Ich habe mich am Arm verbrannt.* (nur eine Stelle!) – *Ich habe mir den Arm verbrannt.* (den ganzen Arm) – *Ich habe mir am Ofen die Finger verbrannt. – (fig.) Die Sonne hat mein Gesicht verbrannt* (= gerötet, gebräunt).

abbrennen (brannte ab, hat/ist abgebrannt)
a) durch Feuer gänzlich, bis auf den Grund vernichtet werden: *Das Haus ist bis auf die Grundmauern abgebrannt.*
b) etwas absichtlich durch Feuer beseitigen: *Nach der Ernte hat der Bauer das Feld abgebrannt.*
c) durch Feuer etwas auslösen: *Sie haben ein Feuerwerk / eine Rakete abgebrannt.*

Besonderheiten:
a) Werden Gebäude oder Wald durch Feuer vernichtet, spricht man von *abbrennen: Wohnhaus und Ställe sind abgebrannt.* Werden Menschen, Tiere oder Einrichtungsgegenstände durch Feuer vernichtet, spricht man von *verbrennen: Im Stall sind zwei Schweine / im Wohnhaus sind sämtliche Möbel verbrannt.*
b) Der Alarmruf lautet: *Es brennt!*
c) Man sagt: *Der Ofen brennt.* und meint, das Holz, die Kohle usw. im Ofen brennt.

„gebrannt", „angebrannt", „verbrannt" oder „abgebrannt"?

1. Gestern hat es in unserer Straße _____ .

2. Die Schule ist _____ .

3. Alle Schulmöbel und das ganze Lehrmaterial sind _____ .

4. Ein Feuerwehrmann hat sich beim Löschen Gesicht und Hände _____ .

5. Die Suppe schmeckt merkwürdig; ich glaube sie ist _____ .

6. Auch der Braten ist _____ !

7. Sie hat die Gartenabfälle in einer Ecke des Gartens _____ .

8. Mit der heißen Suppe hat er sich die Zunge _____ .

9. Der Zigarettenrauch hat mir in den Augen _____ .

10. Der Student hat sich aus Protest mit Benzin übergossen und _____ .

16   drucken – drücken

> Die Druckerei druckt verschiedene Zeitschriften. – Er drückte ihm fest die Hand.

etwas (A) drucken (druckte, hat gedruckt) *Zeitungen und Bücher werden in Druckereien gedruckt. – Farbige Muster werden auf Stoffe gedruckt.*

jdn. oder etwas drücken (drückte, hat gedrückt)
a) etwas durch Druck bewirken: *Wenn du den Knopf am Automaten drückst, gibt er das Geld zurück.*
b) pressen: *Er drückt den Saft aus den Früchten.*
c) eng umschließen: *Sie nahm den Jungen in die Arme und drückte ihn an sich. – Die Schuhe drücken.* (= sind zu eng). – (fig.) *Ihn drücken große Sorgen.*
d) bewirken, dass die Preise fallen: *Die Konkurrenz drückt (auf) die Preise.*

„drücken" oder „drucken"? Setzen Sie das passende Wort in der richtigen Form ein.

1. (Anzeige in der Zeitung:) Wir _____ Ihren Namen auf Ihr Briefpapier.

2. Die ganz großen Zeitungen werden an verschiedenen Orten der Welt _____ .

3. Die Last der Verantwortung _____ ihn. (Prät.)

4. Er hat mir sehr herzlich die Hand _____ .

5. Haben Sie nicht etwas breitere Schuhe? Diese _____ etwas.

6. In dieser Textilfabrik werden bunte Muster auf Vorhangstoffe _____ .

17 entdecken – erfinden

Die Normannen entdeckten um das Jahr 1000 Nordamerika. – Der Deutsche J. P. Reis erfand das erste Telefon.

jdn./etwas entdecken (entdeckte, hat entdeckt)
a) etwas Vorhandenes, aber noch Unbekanntes (als Erster) finden: *Robert Koch entdeckte 1882 den Tuberkelbazillus. – Kolumbus hat Amerika entdeckt.*
b) jdn./etwas, was verborgen ist, vermisst wird, überraschend bemerken: *Er hat den Fehler in der Maschine entdeckt!*

etwas (A) erfinden (erfindet, erfand, hat erfunden)
a) durch Forschen und Experimentieren etwas Neues hervorbringen: *Rudolf Diesel hat einen neuartigen Verbrennungsmotor erfunden.*
b) durch Phantasie, Nachdenken hervorbringen: *Er hat schon viele Kriminalgeschichten erfunden.*

„entdecken" oder „erfinden"? Setzen Sie das passende Verb in der richtigen Form ein.

1. Bartolomeu Diaz _____ 1487 das Kap der Guten Hoffnung und damit den Seeweg nach Indien. (Prät.)

2. 1895 hat Röntgen die später nach ihm benannten Strahlen _____ .

3. Der Junge _____ immer wieder neue Ausreden. (Präs.)

4. Der Chirurg hat im Magen des Patienten eine Stecknadel _____ .

5. 1854 hat Heinrich Goebel, ein Deutschamerikaner, die Glühbirne _____ .

6. Ich bin gespannt, wer den Fehler zuerst _____ ! (Präs.)

18 sich ereignen – stattfinden – der Fall sein

Ein Unfall hat sich ereignet. – Findet die Feier morgen statt? – Nein, das ist nicht der Fall.

sich ereignen (ereignet sich, ereignete sich, hat sich ereignet) nicht geplant plötzlich geschehen, passieren (vgl. § 9b Nr. 1): *Auf der Autobahn hat sich ein schwerer Unfall ereignet.*

stattfinden (findet statt, fand statt, hat stattgefunden) vorbereitet, geplant geschehen: *Das Konzert hat im Park stattgefunden.*

der Fall sein (ist / war der Fall, ist der Fall gewesen) Der Ausdruck bezieht sich auf etwas vorher Erwähntes: *Hoffentlich ist am Sonntag schönes Wetter! Wenn das der Fall ist, gehen wir raus ins*

Grüne. – Das Zimmer wird Ihnen sicher gefallen. Sollte das nicht der Fall sein, geben wir Ihnen ein anderes.

In den folgenden Sätzen wurden die obigen Ausdrücke falsch eingesetzt. Bilden Sie die Sätze neu unter Verwendung der passenden Ausdrücke.

1. Solange der Mensch die Meere befährt, was bekanntlich seit Jahrtausenden *stattfindet*, kämpft er gegen die Gewalten von Wasser und Wind.
2. Auf der Insel Java *war* ein schweres Erdbeben *der Fall*.
3. Wegen des Sturms *ereignete sich* das Konzert nicht im Park, sondern im Kurhaus.
4. Die Polizei muss feststellen, ob jemand verletzt ist. Wenn *sich* das *ereignet hat*, muss der Betreffende sofort ins Krankenhaus gebracht werden.
5. Heute *ereignet sich* keine Vorstellung.
6. Plötzlich *fand* etwas Unheimliches *statt*: Das ganze Haus brach in sich zusammen.

19   erkennen – verstehen – merken

> Ich habe ihn an seiner Stimme erkannt. – Ich verstehe deinen Entschluss. – Ich habe gemerkt, dass etwas nicht stimmt.

Achtung: Er *merkte*, dass er sich beeilen musste. (Nicht: Er *verstand*, …!)

jdn./etwas erkennen (erkannte, hat erkannt) (an + D)
a) so deutlich sehen (hören), dass man weiß, wen (was) man vor sich hat: *Ich konnte die Nummer des Autos in der Dunkelheit nicht erkennen. – Ich erkannte ihn sofort an seinem Dialekt.*
b) an bestimmten Merkmalen feststellen: *Der Arzt erkannte die Krankheit sofort.*
c) Klarheit gewinnen: *Sie hatten die Absicht des Feindes nicht erkannt.*

jdn./etwas verstehen (verstand, hat verstanden)
a) deutlich hören: *Bitte lauter sprechen! Wir verstehen Sie nicht!*
b) Sinn und Bedeutung erfassen: *Ich kenne jedes Wort in diesem Satz, aber den Inhalt des Satzes verstehe ich nicht.*
c) Verständnis für jdn./etwas haben: *Ich kann verstehen, dass die beiden sich trennen wollen.*
d) etwas gut kennen, können: *Er versteht nichts von Elektronik. – Sie versteht etwas von ihrem Fach.*

sich verstehen gleicher Meinung sein, miteinander auskommen: *Die beiden verstehen sich gut.*

etwas (A) merken (merkte, hat gemerkt) (an + D)
a) plötzlich auf etwas aufmerksam werden, etwas wahrnehmen / mitbekommen: *Er merkte, dass die Polizei ihn beobachtete. – Hast du jetzt gemerkt, wie schnell etwas passieren kann? – Es gibt anderes Wetter; ich merke es an den Wolken.*
b) *sich etwas merken* = im Gedächtnis behalten: *Merk dir mal die Telefonnummer! – Ich habe mir seine Adresse leider nicht gemerkt.*

„erkennen", „verstehen" oder „merken"? Setzen Sie das passende Verb in der richtigen Form und in der angegebenen Zeit ein.

1. _____ du etwas von antiken Möbeln? (Präs.)

2. Ich wollte mir die Autonummer _____ , hab sie aber doch vergessen.

3. Der Schachspieler _____ die Absicht seines Partners. (Prät.)

4. Er _____ gar nicht, wie sehr sie ihn liebt. (Präs.)

5. Der Blinde _____ seine Mitmenschen an der Stimme. (Präs.)

6. Der Pilot _____ plötzlich, dass das Flugzeug an Höhe verlor. (Prät.)

7. Als der Hund mich _____ , hörte er auf zu bellen. (Prät.)

8. Sie können es alle nicht _____ , dass ich mal raus will aus diesem Laden.

9. Eben ist mir mein Hausherr begegnet, aber er hat mich nicht _____ .

10. Ich habe _____ , wie er vor Schreck blass geworden ist!

11. Bitte, sprechen Sie Deutsch, ich kann Sie sonst nicht _____ !

12. _____ du, warum er aus der schönen Wohnung wieder ausziehen will?

20 erkranken – krank werden – krank sein

> Sie ist erkrankt. – Sie ist krank geworden. – Sie ist krank.

Achtung: Hätten die Leute Vitamine gehabt, *wären sie nicht erkrankt.* Oder: ..., *wären sie nicht krank geworden.* (Nicht: *erkrankt worden*)

erkranken (erkrankte, ist erkrankt) (an + D) (Das Verb wird meist nur in der 3. Pers. Sing. u. Pl. und nur in den drei Vergangenheitsformen gebraucht.) krank werden: *Während seiner Reise ist er an Tuberkulose erkrankt. – Im April dieses Jahres erkrankte sie plötzlich.*

krank werden / krank sein *Unterwegs ist Hans krank geworden. – Bist du noch krank?*

Merke: Bei *krank werden* oder *sein* steht keine Krankheitsangabe. (Möglicher Dialog:) „Ute ist krank." „So, was hat sie denn?" „Sie hat Grippe." (Vgl. auch *leiden* § 1 Nr. 16 und § 6 Nr. 4)

Ergänzen Sie.

1. Warum liegst du noch im Bett? – Weil ich _____ . (krank sein) (Präs.)

2. Helga _____ plötzlich und bekam hohes Fieber. (erkranken) (Prät.)

3. Der Tourist _____ an Typhus _____ . (erkranken) (Perf.)

4. Peter _____ _____ _____ ; deshalb ist er zu Hause geblieben. (krank werden) (Perf.)

5. Die Kinder, die von der Milch getrunken hatten, _____ plötzlich _____ _____ . (krank werden) (Perf.)

6. Ich _____ dieses Jahr nicht einmal _____ _____ ! (krank sein) (Perf.)

21 erschrecken (erschreckte, erschreckt) – erschrecken (erschrak, erschrocken)

Hast du mich aber erschreckt! – Bin ich aber erschrocken!

Achtung: Warum *erschreckst* du mich? (Nicht: *erschrickst* du mich) Aber: *Erschrick bitte nicht!* In meinem Leben bin ich noch nie so *erschrocken*. (Nicht: *erschreckt*)

a) jdn. erschrecken (erschreckte, hat erschreckt) jdm. Angst machen, jdm. einen Schrecken einjagen: *Die Nachricht von deinem Unfall hat mich sehr erschreckt.*

b) erschrecken (erschrickt, erschrak, ist erschrocken) einen Schreck bekommen: *Sie war so blass, dass die Eltern erschraken.*

Merke:
erschrecken (a) (schwaches Verb) drückt Aktivität aus → jd./etwas erschreckt jdn.
erschrecken (b) (starkes Verb) hat passivische Bedeutung → jd. bekommt durch jdn./etwas einen Schreck. (Vgl. § 4 Nr. 21)

Besonderheit: *sich erschrecken (erschreckte sich, hat sich erschreckt)* hat die Bedeutung von (b) *erschrecken: Ich bin sehr erschrocken.* → *Ich habe mich sehr erschreckt.*

Setzen Sie die richtige Form von „erschrecken" ein. Achten Sie auf das Tempus.

1. Der Junge bellte plötzlich wie ein Hund. Damit hat er seine kleine Schwester sehr _____ _____ .

2. Der plötzliche Erdstoß hat uns furchtbar _____ .

3. Als ich ihn nach zehn Jahren wiedersah, _____ ich; er war alt geworden.

4. Wir _____ alle, als plötzlich heftig an die Tür geklopft wurde.

5. Gleich knallt's! _____ bitte nicht. (Imper. Sing.)

6. Der Flugkapitän _____ die Gäste mit der Mitteilung, das Flugzeug habe technische Probleme. (Prät.)

22 essen – trinken – schlucken

Ich esse mein Brot. – Ich trinke Tee. – Ich schlucke meine Medizin.

Achtung: Er *schluckte* seine Tablette. (Nicht: Er *aß*)

essen (isst, aß, hat gegessen) (+ A) *Er isst einen Apfel / gern Schokolade / abends gern warm / nicht viel.*

trinken (trank, hat getrunken) (+ A) *Ich trinke gern Kaffee / keinen Alkohol / ein Glas Saft / auf dein Wohl!*

Merke: Feste Lebensmittel werden gegessen. Flüssiges, das in Gläsern oder Tassen serviert wird, trinkt man. (Zigaretten, Zigarren usw. werden *geraucht*.)

schlucken (schluckte, hat geschluckt) vom Mund in den Magen befördern, einnehmen: *Der Hund kaut das Fleisch nicht, er schluckt es ganz.* – Flüssigkeit schlucken: *Hast du deine Medizin schon geschluckt?*

Besonderheiten:
a) Suppen werden gegessen, nicht getrunken!
b) Medizin (z. B. Tablette, Hustensaft) wird nicht gegessen bzw. getrunken, sondern *geschluckt, genommen* oder *eingenommen: Du sollst die Tablette nicht lutschen* (= langsam im Mund auflösen), *sondern schlucken* (oder: *runterschlucken*)!

„essen", „trinken" oder „schlucken"? Setzen Sie das passende Verb in der richtigen Form ein.

1. _____ Sie von diesen Tabletten täglich drei Stück nach dem Essen! (Imper.)

2. _____ du gern Tomatensuppe? (Präs.)

3. Ich _____ nicht gern Kartoffelbrei. (Präs.)

4. Wir haben jeder ein Bier _____ und ein Würstchen _____ .

5. Ruf den Notarzt! Das Kind hat alle Tabletten auf einmal _____ .

6. Sie war so erschrocken, dass sie erst ein paar Mal _____ musste, bevor sie sprechen konnte.

23 fallen – hinfallen

Das Kind ist in den Graben gefallen. – Das Kind ist hingefallen.

Achtung: Die Frau ist auf ihr Knie / auf den Steinboden / die Treppe hinunter *gefallen.* (Nicht: *hingefallen*)

Merke: Ohne Ortsangabe meist *hinfallen!* Mit Ortsangabe nur *fallen!*

fallen (fällt, fiel, ist gefallen)
a) unbeabsichtigt abwärts bewegen, stürzen: *Ein Blumenkasten ist im Sturm vom Balkon gefallen. – Das Kind ist aus dem Kinderwagen gefallen.*
b) sinken, niedriger werden: *Die Temperatur / Das Barometer* (= der Luftdruck) *ist gefallen.*
c) sein Leben im Krieg verlieren: *Im letzten Weltkrieg sind 27 Millionen Soldaten gefallen.*

hinfallen (fällt hin, fiel hin, ist hingefallen)
zu Boden stürzen: *Der alte Mann ist hingefallen.*

„gefallen" oder „hingefallen"?

1. Der Bruder meiner Mutter ist im Krieg _____ .

2. Ist das Barometer schon wieder _____ ?

3. Ein Teller ist vom Tisch _____ .

4. Bist du _____ ? Hast du dir weh getan?

5. Die Straße war spiegelglatt! Ich bin mehrmals _____ .

6. Ihm war die Brille zu Boden _____ .

24   fördern – fordern – auffordern

> Gute Schüler sollen gefördert werden. – Die Gefangenen fordern besseres Essen. –
> Der Fahrer forderte uns auf einzusteigen.

jdn./etwas fördern (förderte, hat gefördert)
a) etwas aus dem Inneren der Erde gewinnen: *In Saudi-Arabien wird viel Öl gefördert.*
b) jdn./etwas in seinem Vorankommen, in seiner Existenz unterstützen: *Die Stiftung Volkswagenwerk fördert Wissenschaft und Technik. – Er hat mit seinem Vermögen viele Künstler gefördert.*

etwas (A) fordern (forderte, hat gefordert) verlangen, haben wollen: *Die Gewerkschaft forderte sechs Prozent Lohnerhöhung. – Der Staatsanwalt fordert eine harte Bestrafung des Täters.*

jdn. auffordern (forderte auf, hat aufgefordert) (zu + D) bitten oder verlangen, etwas Bestimmtes zu tun: *Er forderte alle zur Mithilfe auf. – Sie wurden aufgefordert, den Koffer zu öffnen. – Heinz hat die Studentin zum Tanz aufgefordert.*

Setzen Sie das passende Verb in der richtigen Form und in der angegebenen Zeit ein.

1. Er hatte ein Sparbuch gefunden und _____ 10 Prozent Finderlohn. (Prät.)

2. Die GUS _____ Erdgas in großen Mengen. (Präs.)

3. Die Bundesregierung _____ die Entwicklung von Industrie und Handel in den neuen Bundesländern. (Präs.)

4. Der Hausbesitzer _____ den Mieter _____ , die Miete sofort zu bezahlen. (Perf.)

5. Die Vereinigung der Kunstfreunde _____ dieses Jahr erstmals einen jungen Schriftsteller mit einem Geldbetrag _____ . (Perf.)

6. Die Schüler _____ eine Änderung des Stundenplans. (Präs.)

25   frieren – zufrieren – erfrieren

> Ich friere. – Es friert mich. – Es hat gefroren. – Der See ist zugefroren. – Das Kind ist erfroren.

Achtung: Ich friere *an den Fingern.* (Nicht: *an die Finger*)

frieren (friert, fror, hat gefroren) (an + D)

Unpersönlich vgl. § 9b Nr. 27): *Es friert.* = Es ist unter 0 Grad Celsius. – *Es friert mich.* = Es ist mir kalt./Mir ist kalt. – *Es friert mich an den Füßen.* Auch: *Mir frieren die Füße.*

Persönlich: *Ich friere.* = Es friert mich. – *Ich friere an den Händen.*

Zustandspassiv: *Das Wasser im Glas ist gefroren.*

zufrieren (fror zu, ist zugefroren) *Der See ist über Nacht zugefroren.* = Er ist mit einer Eisdecke überzogen.

erfrieren (erfor, ist erfroren / hat sich etwas erfroren) *Das Kind ist im eiskalten Wasser erfroren. Es ist infolge der Kälte gestorben. – Die Pflanze ist erfroren; du kannst sie wegwerfen. – Der Waldarbeiter hatte sich einen Zeh erfroren.*

„gefroren", „zugefroren" oder „erfroren"?

1. Mir war kalt, ich habe richtig _____ .

2. Der Wanderer war im Schnee eingeschlafen und ist _____ .

3. Heute Nacht hat es _____ , die Pflanzen sind weiß vom Reif.*

4. Sie hatte ihre Handschuhe vergessen und hat arg an den Händen _____ .

5. Der See ist seit zwanzig Jahren zum ersten Mal _____ .

6. Das Wasser in den Pfützen** ist _____ .

7. Bei großer Kälte und eisigem Wind hat man sich schnell die Ohren _____ .

8. Unsere schönen Pflanzen auf dem Balkon sind alle _____ .

26   führen – herumführen

> Ein Fachmann führte die Reisegesellschaft durch das Schloss. – Er führte sie im Schloss herum.

Achtung: a) *Der Gastgeber führte die Gäste durch das Haus. Oder: im Haus herum. (Nicht: durch das Haus herum)*
           b) Gestern *fuhren sie* in den Wald. (Nicht: *führen sie*)

Merke: *fahren (fuhr)* nicht mit *führen (führte)* verwechseln!

jdn. führen (führte, hat geführt) (durch + A; in + A; zu + D u. a.) *Er führt die Leute durch das Haus / durch die Ausstellung / in (durch) den Wald / zum Bahnhof.*

jdn. herumführen (führte herum, hat herumgeführt) (in + D; auf + D u. a.) *Er führte den Freund im Park herum / in der Stadt herum / im Haus herum.*

Merke: *führen* → wohin? → Akkusativ! – *herumführen* → wo? → Dativ!

Ergänzen Sie die fehlenden Endungen.

1. Ich habe die Gäste zu d____ Bussen geführt.

2. Der Betriebsleiter hat die Besucher in d____ verschieden____ Räume____ herumgeführt.

3. Heute Nachmittag führe ich Schüler in d____ Stadt.

4. Aber ich führe sie nicht in d____ Stadt herum; jeder kann hingehen, wohin er will.

5. Morgen führe ich sie dann in d____ Museum für moderne Kunst und am Abend in d____ Oper.

---

* *der Reif* (nur Sing.) = gefrorener Tau; Luftfeuchtigkeit, die sich in Eiskristallen auf Bäumen, Gras usw. niederschlägt.
** *die Pfütze, -n* = kleine Vertiefung (z. B. auf der Straße), die mit Regenwasser gefüllt ist.

„führen" oder „herumführen"? Ergänzen Sie das Verb in der passenden Form.

6. Der Betriebsleiter sollte die Besucher in der Fabrik _____ .

7. Der Fremdenführer _____ die Touristen durch die Stadt. (Prät.)

8. Die Gäste wollten auch im Schloss _____ werden.

9. Du willst mich wohl an der Nase _____ ? *(jdn. an der Nase … = mit jdm. sei-nen Spaß treiben)*

10. Der Rattenfänger von Hameln hat die Kinder der Stadt in einen Berg _____ .

27 gelingen – glücken

Es gelang (glückte) dem Arzt, den Patienten zu retten. – Es ist ihr geglückt (gelungen), den Schauspieler zu sprechen.

Achtung: *Es gelang den Forschern,* die Ursache zu finden. (Nicht: *Die Forscher gelangten, …*)

Merke: *gelingen (gelang)* nicht mit *gelangen (gelangte)* verwechseln: *Es gelang ihnen, ihr Ziel zu erreichen. Aber: Sie gelangten an ihr Ziel.*

gelingen (gelang, ist gelungen) (jdm. gelingt etwas)

glücken (glückte, ist geglückt) (jdm. glückt etwas)

Merke: Solche sogenannten „unpersönlichen Verben" erlauben keine Person als Subjekt. Für *Er konnte den Motor reparieren* oder *Er war in der Lage (Er schaffte es), den Motor zu reparieren* kann man auch sagen: *Es gelang ihm (Es glückte ihm), den Motor zu reparieren.* Für *Er schaffte (Er vollbrachte) schließlich die Flucht* sagt man besser: *Es gelang (Es glückte) ihm schließlich die Flucht.* Oder: *Schließlich gelang (glückte) ihm die Flucht.*

Besonderheiten: *es* kann hier also entfallen, wenn ein anderer Satzteil an der ersten Stelle steht (vgl. § 5 Nr. 1), im Gegensatz z. B. zu Verben der Witterung (*es regnet, es schneit, es hagelt* usw.), bei denen *es* nicht wegfallen darf: *Es regnete gestern bei uns. – Bei uns regnete es gestern.* (Vgl. § 9b Nr. 25) Das gleiche gilt auch für *es gibt* (vgl. § 4 Nr. 14).

gelangen (gelangte, ist gelangt) an ein Ziel, an einen Ort kommen: *Schließlich gelangten die Wan-derer an einen Fluss. – Die Abgase gelangen durch den Schornstein in die Luft.*

Verändern Sie den Satz. Verwenden Sie dabei das angegebene Verb.
1. Er war tatsächlich in der Lage, das Alter der Vase zu bestimmen. (glücken)
2. Innerhalb von zwei Stunden schafften es die Einbrecher, an das Geld der Bank heranzukom-men. (gelingen)
3. Er brachte es nicht fertig, den Chef von seinen Ideen zu überzeugen. (gelingen)
4. Die beiden schafften schließlich die Lösung des Rätsels. (gelingen)
5. Die Gefangenen konnten fliehen. (die Flucht / glücken)
6. Der Fuchs schaffte es nicht, an die süßen Weintrauben heranzukommen. (gelingen)

28 heiraten – sich verheiraten – verheiratet sein

> Robert und Sabrina heiraten morgen. – Dennis hat sich verheiratet. – Meine Eltern sind seit dreißig Jahren verheiratet.

Achtung: Karl hat *Maria geheiratet.* (Nicht: *mit Maria geheiratet*)

heiraten (heiratet, heiratete, hat geheiratet) (+ A) eine Ehe schließen: *Er hat (seine Frau) früh / jung / aus Liebe / wegen des Geldes geheiratet. – Robert heiratet (im kommenden Jahr) eine Amerikanerin.*

sich verheiraten (verheiratet sich, verheiratete sich, hat sich verheiratet) mit (+ D) eine Ehe schließen: *Er hat sich zum zweiten Mal verheiratet.*

Merke: Das Verb wird hauptsächlich im Partizip Perfekt gebraucht: *Er ist (seit 30 Jahren) (un-)glücklich verheiratet. – Sie ist mit einem von Aderholt verheiratet. – eine verheiratete junge Frau*

Bilden Sie Sätze nach folgendem Muster:

> Hans, Caroline, heiraten (Perf.) ± *Hans hat Caroline geheiratet.*

1. Herr Mott, im Mai, unsere Nachbarin, heiraten. (Fut.)
2. Unsere Tochter, der Sohn des Bürgermeisters, sich verheiraten mit. (Präs.)
3. Die beiden jungen Leute, möglichst bald, heiraten wollen. (Präs.)
4. Frau Kleinholz, nun, zum dritten Mal, verheiratet sein. (Präs.)
5. Sie, zehn Jahre, mit einem Förster, glücklich verheiratet sein. (Prät.)
6. Er, die Frau, von der er sich hatte scheiden lassen, jetzt zum zweiten Mal, heiraten. (Perf.)

29 herausfinden – feststellen – herausstellen

> Ein Nachbar hat herausgefunden (festgestellt), wer der Fahrraddieb war. Es hat sich herausgestellt, wer der Fahrraddieb war.

Achtung: *Es hat sich herausgestellt,* dass … (Nicht: *Sie haben herausgestellt,* dass)

etwas (A) herausfinden (findet heraus, fand heraus, hat herausgefunden) *Greenpeace hat herausgefunden, wer das Gift in den Fluss geleitet hat.*

etwas (A) feststellen (stellte fest, hat festgestellt) *Greenpeace hat festgestellt, wer das Gift in den Fluss geleitet hat.*

sich herausstellen (stellte sich heraus, hat sich herausgestellt) *Es hat sich herausgestellt, wer das Gift in den Fluss geleitet hat.*

Merke: *sich herausstellen* (im Sinn von *herausfinden*) kann nicht mit *ich, du, er* usw. verbunden werden, sondern nur mit *es. Herausstellen* ist ein unpersönliches Verb (vgl. § 9b Nr. 27): *Es wird sich herausstellen, wer der Täter ist. Es* kann wegfallen, wenn z. B. ein anderer Satzteil an die erste Stelle tritt: *Bald wird sich herausstellen, …* oder wenn ein Teilsatz vorausgeht: *Wer der Täter ist, wird sich herausstellen.*

Verwenden Sie „sich herausstellen" anstelle der vorhandenen Verben. Gebrauchen Sie das gleiche Tempus.

> Helga stellte erst zu Hause fest, dass der neu gekaufte Mantel einen Fleck hatte.
> Erst zu Hause *stellte sich heraus,* dass der neu gekaufte Mantel einen Fleck hatte.

1. Der Lehrer stellte fest, dass einige Schüler die letzte Stunde geschwänzt hatten. (*schwänzen* = nicht teilnehmen, weil man keine Lust hat)
2. Der Kaufhausdetektiv hat endlich herausgefunden, wer der Dieb war.
3. Ich hoffe, man findet die wirkliche Ursache des Waldsterbens bald heraus. (hoffentlich)
4. Die Polizei hat endlich herausgefunden, wer den nächtlichen Lärm macht.
5. Das Grundwasser war verschmutzt. Erst nach Monaten wurde festgestellt, dass der Heizöltank eines Privathauses auslief.
6. Erst nach seinem Tod fand man heraus, dass der Bettler in Wirklichkeit ein reicher Mann war.

30 kennen – wissen

> Kennst du den Weg? – Weißt du, wie ich dorthin komme?

Achtung: *Ich kenne das Schloss.* (Nicht: *Ich weiß*)

jdn./etwas kennen (kannte, hat gekannt) *Wir kennen den Nachbarn / die Stadt / den Weg / den Roman / die Grenzen / die Pflanzen und Tiere / die Heimat / die mathematische Formel / die Theorie* usw.

wissen (weiß, wusste, hat gewusst) Das Verb wird meist mit einem Nebensatz verbunden: *Ich weiß, dass er krank ist / wie man zur Burg kommt / wo er wohnt. – Ich weiß nicht, wann der Zug abfährt / ob sie noch kommen.* Aber auch: *Ich weiß die Lösung / das Wort / den Weg (nicht).*

Merke: *kennen* setzt die Beschäftigung mit jdm. oder etwas voraus. *Wissen* hat mehr die Bedeutung *im Gedächtnis haben*; man kann sagen: *Ich kenne / Ich weiß das Wort.* Auch: *Ich weiß das Wort nicht mehr.* Aber nicht: *Ich kenne das Wort nicht mehr.*

Setzen Sie das passende Verb aus der Klammer in den Satz ein.

1. Der Lehrer _____ seine Schüler ganz genau. (kennt/weiß)

2. Er _____ auch, wo sie wohnen. (kennt/weiß)

3. _____ Sie Schloss Banz? (kennen/wissen)

4. Ich _____ , dass es in Nordbayern liegt, aber ich _____ es nicht. (kenne/weiß)

5. _____ Sie Näheres über das Schloss? (kennen/wissen)

6. Ja, ich _____ seine Geschichte recht gut. (kenne/weiß)

31 laden – beladen

Sie laden die Kisten auf den Wagen. – Sie beladen den Wagen mit Kisten.

Achtung: Er hat die Möbel *auf den Lastwagen geladen.* (Nicht: *auf den Lastwagen beladen*)

etwas (A) laden (lädt, lud, hat geladen) auf (+ A), in (+A) u. a.
a) etwas auf oder in etwas bringen: *Sie haben die Hilfsgüter in die Maschine geladen. – Das Schiff hat Kohle geladen.*
b) Strom in einer Batterie speichern: *Haben Sie den Akku geladen?*
c) eine Schusswaffe mit Munition versehen: *Er hatte die Pistole nicht geladen.*

etwas (A) beladen (belädt, belud, hat beladen) mit (+ D) mit einer Ladung/Fracht versehen: *Sie haben die Maschine mit Hilfsgütern beladen. – Das Schiff wurde mit Kohle beladen.*

Merke: *laden* im Beispiel a) nennt zuerst die Ware, die geladen wird (die Hilfsgüter → Akkusativobjekt), dann das Transportmittel (die Maschine).
beladen nennt zuerst das Transportmittel (die Maschine → Akkusativobjekt), dann die Ware (mit Hilfsgütern).

Was ist richtig: „geladen" oder „beladen"?

1. Die Batterie wird in der Autowerkstatt _____ .

2. Das Schiff hat Sand _____ .

3. Ihr habt den Lastwagen viel zu hoch _____ .

4. Vorsicht! Das Gewehr ist _____ !

5. Der Bauer hatte viel zu viel Holz auf den Wagen _____ .

6. Die Bergsteiger waren _____ wie die Packesel.

32 liegen – stehen

Dein Buch liegt auf dem Tisch. – Meine Bücher stehen im Bücherschrank.

Achtung: Die Teller *stehen* auf dem Tisch. (Nicht: *liegen*)

Merke: Grundsätzlich gilt: Längliche Gegenstände in senkrechter Lage *stehen*; in waagrechter Lage *liegen* sie. Siehe aber Besonderheiten!

stehen (stand, hat gestanden) *Gläser, Flaschen, Vasen stehen auf dem Tisch. – Die Bücher stehen im Bücherschrank. – Tische, Stühle (die Möbel) stehen im Zimmer. – Das Bett steht im Schlafzimmer.*

liegen (lag, hat gelegen) *Messer, Gabel, Löffel (= das Besteck, -e), Bücher, Hefte, Zeitungen liegen auf dem Tisch / im Schrank / in der Schublade. – Ein Teppich liegt auf dem Fußboden.*

Besonderheiten: *Teller, Tassen, Schüsseln stehen auf dem Tisch / im Schrank. – Vögel sitzen* (niemals *stehen!*) *auf dem Baum / in den Zweigen. – Insekten* (z. B. *Wespen, Fliegen* usw.) *sitzen auf den Lebensmitteln.*

„Liegen" oder „stehen"? Setzen Sie das passende Verb im Präsens in der richtigen Form ein.

1. Im Schlafzimmer _____ zwei Betten und ein Schrank.

2. Eine Flasche Wasser _____ schon auf dem Tisch.

3. Drei Teller und drei Tassen _____ auf dem Tisch; die Löffel und Gabeln _____
   _____ daneben.

4. Die blaue Vase _____ dort auf dem Schreibtisch!

5. Inge _____ unter der Dusche, Udo _____ in der Badewanne und liest die Zeitung.

6. Auf deinem Schreibtisch _____ drei Briefe.

33 machen – tun

> Sie hat mir eine große Freude gemacht. – Er hat mir einen Gefallen getan.

Achtung: *Sie tut* viel Gutes. (Nicht: *Sie macht*)

Merke: Beide Verben werden in festen Ausdrücken verwendet. Man kann sie nicht gegeneinander austauschen. Feste Regeln über den Gebrauch von *machen* und *tun* gibt es nicht. Da es weniger Ausdrücke mit *tun* gibt, ist es gut, wenn man sich diese merkt.

Feste Ausdrücke mit „tun" (ich tue, du tust; tat; hat getan):

etwas Gutes/Schlechtes/Böses tun	*Sie hat viel Gutes getan.*
seine Pflicht/sein Bestes tun	*Ich tue meine Pflicht, so gut ich kann. – Ihr habt euer Bestes getan!*
jdm. einen Gefallen tun	*Kannst du mir einen Gefallen tun?*
jdm. Unrecht tun	*Du tust ihm Unrecht! Er ist unschuldig.*
etw. tut Wunder	*Jeden Tag eine halbe Stunde Jogging, das tut Wunder!*
etw. tut seine Wirkung	*Nehmen Sie die Medizin regelmäßig, dann wird sie ihre Wirkung tun!*
einen Blick tun	*Der Lehrer tat nur einen Blick in unsere Hefte.*
jdm. Leid tun	*Hab' ich dir wehgetan? Das tut mir Leid!*
gut/wohl tun	*Ein heißer Tee tut (dir) gut / tut wohl bei der Kälte.*
(sich) wehtun	*Du tust mir weh! – Mein Zahn tut weh. – Ich habe mir wehgetan.*
so tun, als ob	sich verstellen: *Tu doch nicht, als ob du kein Geld hättest!*
es mit jdm. zu tun haben	*Bei ihm hast du es mit einem sehr klugen Kaufmann zu tun.*
es mit jdm. zu tun bekommen	*Lass das Kind in Ruhe, sonst bekommst du es mit mir zu tun!*
tun und lassen können, was man will	*Wenn du achtzehn bist, kannst du tun und lassen, was du willst.*
tun, was gesagt wurde	*Tu bitte, was ich dir gesagt habe!*

Feste Ausdrücke mit „machen" (machte, hat gemacht):

eine Arbeit / seine Aufgaben machen	*Er hat seine Arbeit gut gemacht.*

einen Ausflug / eine Wanderung / einen Spaziergang / eine Reise machen	*Morgen machen wir einen Ausflug in die Berge.*
einen Versuch / ein Experiment machen	*Er hat den Versuch gemacht, sein Auto selbst zu reparieren.*
Lärm machen	*Die Maschine macht schrecklichen Lärm.*
den (einen) Anfang / ein Ende / Schluss machen	*Wir übersetzen den Text. Wer macht den Anfang? – Mach Schluss mit dem Rauchen!*
einen Fehler machen	*Du hast hier zwei Fehler gemacht!*
jdm. eine Freude / Angst machen	*Du solltest den Kindern nicht immer Angst machen!*
Kaffee / Tee / das Essen machen	*Ich mache uns jetzt einen guten Kaffee. – Mutter macht das Essen.*
sich auf den Weg machen	starten: *Um sieben machen wir uns auf den Weg.*
sich an die Arbeit machen	anfangen zu arbeiten: *Je früher du dich an die Arbeit machst, desto eher bist du fertig.*
sich aus dem Staub machen	heimlich verschwinden: *Die Diebe nahmen, was sie fanden, und machten sich aus dem Staub.*
es jdm. recht machen	sich bemühen, so zu handeln, wie der andere es wünscht (meist negativ gebraucht): *Dir kann man wirklich nichts recht machen.*
jdm. Platz machen	*Ein Junge stand auf und machte dem alten Mann Platz.*
Mach / Macht / Machen Sie, dass …	Grobe Befehlsform: *Mach, dass du fortkommst!*
die Betten / die Zimmer / die Wohnung machen	die Betten frisch herrichten, die Zimmer, die Wohnung in Ordnung bringen: *Ich habe die Betten gemacht.*

Merke: Adverbien werden meist mit *machen* verbunden, z. B.:

jdn. aufmerksam machen auf (+ A)	*Er machte mich auf einen Fehler aufmerksam.*
jdn. bekannt machen mit (+ D)	*Er machte mich mit seiner Freundin bekannt.*
sich frei machen von (+ D)	*Du musst dich frei machen von solchen Vorurteilen.*
sich verständlich machen (+ D)	*Er versuchte, sich durch Zeichen verständlich zu machen.*
sich beliebt machen bei (+ D)	*Mit Scherzen versuchte der Politiker sich beim Volk beliebt zu machen.*

Setzen Sie die passende Form von „machen" oder „tun" ein.

1. Du hast mir eine große Freude _____ !

2. Warten Sie, ich _____ Ihnen etwas Platz!

3. Er ist erwachsen und kann _____ und lassen, was er will.

4. Er muss jetzt seine Schulaufgaben _____ .

5. _____ , was ich dir gesagt habe. (Imper.)

6. _____ doch endlich ein Ende mit eurem Streit! (Imper.)

7. _____ , dass du nach Hause kommst, du Schlingel! (Imper.)

8. Er hat sein Bestes _____ .

9. Wann _____ wir wieder einen Ausflug?

10. Keiner wollte den Anfang _____ .

11. Hast du die Betten schon _____ ?

12. Ich habe heute leider viel zu _____ .

13. _____ doch nicht, als ob du mich nicht verstehen würdest! (Imper.)

14. Behandle ihn gut, sonst bekommst du es mit mir zu _____ !

15. Er hat nur seine Pflicht _____ .

16. Er hat nie etwas Böses _____ !

17. Ich bin mit dem Kopf an die Schranktür gestoßen; das hat furchtbar weh_____ .

18. Er hat nichts zu _____ und sitzt dauernd vor dem Fernseher.

19. Ich _____ jetzt Kaffee und dann _____ wir uns auf den Weg.

20. Kannst du mir einen Gefallen _____ ?

34 mahlen – malen

Er hat das Korn gemahlen. – Sie hat das Bild gemalt.

Achtung: Sie hat den Kaffee *gemahlen*. (Nicht: *gemalt*)

etwas (A) mahlen (mahlte, hat gemahlen) (mit einer Mühle) z. B. den Kaffee / den Weizen mahlen: *Das Korn wird gemahlen und zu Brot verarbeitet.*

jdn./etwas malen (malte, hat gemalt) z. B. ein Bild malen: *Der Künstler hat ein Landschaftsbild gemalt.*

„gemahlen" oder „gemalt"?

1. Der Lehrer hat mit bunter Kreide ein Bild an die Tafel _____ .

2. Der Künstler hat sich selbst _____ .

3. Möchten Sie den Kaffee _____ oder in ganzen Bohnen?

4. Mit seiner kleinen Handmühle hat er den Pfeffer selbst _____ .

5. Die Körner werden zu Mehl _____ .

35 müssen – nicht brauchen

Musst du alles noch mal schreiben? – Nein, ich brauche nicht alles noch mal zu schreiben.

Auf eine Frage mit *müssen* folgt die positive Antwort ebenfalls mit *müssen: Musst du schon gehen? – Ja, ich muss leider schon gehen.* Die negative Antwort kann immer mit *nicht brauchen* gegeben werden: *Musst du schon gehen? – Nein, ich brauche noch nicht zu gehen.* Nicht immer möglich ist *nicht müssen: Musst du schon gehen? – Nein, ich muss noch nicht gehen.* Aber: *Du brauchst mich nicht zu rufen.* (Nicht: *Du musst mich nicht rufen.*)

Wenn man *nicht müssen* betonen will, dann folgt darauf meist noch eine Erklärung: *Musst du den Brief noch mal schreiben? – Nein, ich muss es nicht, aber ich will ihn noch mal schreiben, denn es sind zu viele Fehler darin.*

Achtung: Wie bei allen Modalverben steht auch bei *müssen* der nachfolgende Infinitiv ohne *zu*; *brauchen* verlangt aber den Infinitiv mit *zu*: *Du brauchst mich nicht zu rufen.* (Vgl. § 9b Nr. 14)

Geben Sie eine positive und eine negative Antwort nach folgendem Muster:

> Musst du die Einnahmen versteuern?
> Ja, ich muss sie versteuern. / Nein, ich brauche sie nicht zu versteuern.

1. Musst du den Wagen in die Werkstatt bringen?
2. Musst du morgen wieder in den Dienst gehen?
3. Muss Hans die Klasse wiederholen?
4. Musstest du die Arbeit noch mal schreiben?
5. Muss Andrea operiert werden?
6. Musste man das Kind suchen lassen?

36 müssen – sollen

> „Ich soll Sie schön grüßen!" oder: „Ich muss Sie schön grüßen!"?

sollen (soll, sollte, hat gesollt) *er soll gehen (sollte gehen, hat gehen sollen)*

müssen (muss, musste, hat gemusst) *er muss gehen (musste gehen, hat gehen müssen)*

Merke: Die beiden Modalverben werden häufig nicht klar unterschieden. *Sollen* bezeichnet den Auftrag, den Wunsch oder die Pflicht, die von außen kommt und von einer Person, einer Institution oder einem moralischen Prinzip ausgeht: *Du sollst nicht töten!* (Das Gesetz der Bibel) – *Wir sollen morgen Wanderschuhe anziehen.* (Der Lehrer hat's gesagt.) – *Soll ich dir die Bilder mal zeigen?* (Willst du, dass ich sie dir zeige?) *Sollen* findet auch beim Ausdruck innerer Zweifel Anwendung: *Was soll ich bloß machen? – Ich weiß nicht, ob ich ihr antworten soll.*
Müssen bezeichnet einen Zwang, eine unbedingte Notwendigkeit, eine Aufforderung: *Alle Menschen müssen sterben. – Jetzt muss ich mich erst mal ausruhen! – Du musst dir unbedingt mal die Ausstellung ansehen!* (So fordert mich mein Freund auf.) – Aber: *Du sollst dir mal die Ausstellung ansehen.* (Dein Freund hat mich gebeten, es dir zu sagen.)
Manchmal ist *sollen* und auch *müssen* möglich; dabei gibt es jedoch einen Unterschied in der Einstellung des Sprechers: *Ich soll täglich dreimal eine Tablette nehmen.* (Der Arzt hat's gesagt.) – *Ich muss täglich dreimal eine Tablette nehmen.* (Sonst hab ich starke Schmerzen. Oder: Denn sonst werd ich nicht gesund.)

„muss" oder „soll"?

1. Vielen Dank für die Einladung! Um wie viel Uhr _____ ich kommen?

2. Er möchte mich heiraten; aber ich weiß nicht, ob ich ja sagen _____ .

3. Maier sitzt im Gefängnis; er _____ noch zwei Monate warten, dann kommt er raus.

4. Ich _____ jetzt gehen, denn mein Zug fährt gleich.

5. Ich _____ heute zu Hause bleiben und lernen; wir schreiben morgen eine Klausur.

6. Ich _____ mehr lernen, sagt mein Vater, aber ich mag nicht länger am Schreibtisch sitzen.

37 nehmen – holen – bekommen

Er nahm ein Taxi. – Er holte die Polizei. – Er bekam eine Anstellung.

Achtung: Er ging zur Bank und *holte das Geld.* (Nicht: *nahm das Geld*)

jdn./etwas nehmen (nimmt, nahm, hat genommen)

a) mit der Hand ergreifen: *Er nahm die Flasche vom Regal / den Mantel von der Garderobe / das Buch vom Tisch.*
b) annehmen: *Er hat das Geld, das ich ihm geben wollte, nicht genommen.*
c) sich bedienen, benutzen: *Nimm doch ein Taxi! – Er nahm (sich) einen Anwalt.*
d) einnehmen, schlucken (vgl. § 9b Nr. 22): *Er nahm seine Medizin.*

jdn./etwas holen (holte, hat geholt)

a) an einen Ort gehen und von dort herholen: *Wir holen unser Brot vom Bäcker. – Hol bitte das Paket von der Post!*
b) jdn. veranlassen zu kommen: *Ich hole sofort einen Arzt. – Holen Sie bitte Herrn Busch ans Telefon.*
c) sich um etwas bemühen und es bekommen: *Sie holt sich Auskunft / Rat / Trost.*
d) sich etwas (z. B. eine Krankheit) zuziehen: *Die Erkältung hab' ich mir im Schwimmbad geholt.*

etwas (A) bekommen (bekam, hat bekommen)

a) erhalten, entgegennehmen: *Ich bekam ein Geschenk / einen Brief / eine Anstellung. – Er hat einen Monat Gefängnis / Schläge / Angst / einen Schock bekommen.*
b) etwas auf sich zukommen sehen (in der Zukunft): *Er bekommt wahrscheinlich eine Steuerrückzahlung.*

„nehmen", „holen" oder „bekommen"? Setzen Sie das passende Verb in der richtigen Form ein.

1. Er hat die Zeitung vom Kiosk _____ .

2. Er _____ die Decke vom Tisch. (Präs.)

3. Der Ober(-kellner) _____ das Trinkgeld gern (Prät.)

4. Der Ober hat von mir zwei Mark Trinkgeld _____ .

5. Vielen Dank für das Päckchen! Ich habe es gestern _____ .

6. Soll ich den Wagen _____ oder wollen Sie ihn bringen?

7. Bleib du bei den Koffern, ich _____ schnell die Fahrkarten.

8. Zu ihrem Geburtstag _____ sie einen Riesenstrauß roter Rosen. (Präs.)

9. Für den Kuchen hat sie fünf Eier _____ .

38 pflücken – sammeln

> Die Kinder pflücken Blumen auf der Wiese. – Heinz sammelt Schmetterlinge.

etwas (A) pflücken (pflückt, pflückte, hat gepflückt) z. B. Blumen oder Früchte vom Stengel abbrechen: *Blumen pflücken im Park verboten!" – Vater pflückt die Äpfel vom Baum.*

etwas (A) sammeln (sammelt, sammelte, hat gesammelt) etwas zusammentragen, anhäufen; Holz, Pilze, Briefmarken, Münzen, Erfahrungen usw. sammeln: *In der Schweiz dürfen Pilze nur an bestimmten Wochentagen gesammelt werden. – Er sammelte seine Ideen in einem Zettelkasten.*

„pflücken" oder „sammeln"? Setzen Sie das passende Verb in der richtigen Form ein.

1. Horst und Elke _____ nur Briefmarken aus der Schweiz und aus Österreich. (Präs.)

2. Sie _____ Geld für die Armen. (Präs. Pl.)

3. _____ deine Erfahrungen, dann kannst du später mal ein Buch darüber schreiben! (Imper.)

4. Es ist höchste Zeit, die Birnen vom Baum zu _____ !

5. Einige Nachbarn _____ Unterschriften für eine Protestaktion. (Präs.)

6. Er _____ gern Altpapier und verkauft es dann. (Präs.)

39 scheiden

> Sie schieden als Freunde. – Er hat sich scheiden lassen. – Die Ehe ist geschieden.

Achtung: Sie hat sich von ihm *scheiden lassen.* (Nicht: *geschieden*)

scheiden (scheidet, schied, hat/ist geschieden) trennen, auseinander gehen, eine Trennung (zwischen Personen oder Dingen) bewirken:
a) eine Ehe gesetzlich auflösen bzw. auflösen lassen: *Der Richter hat die Ehe geschieden. – Das Ehepaar hat sich (nach dreijähriger Ehe) scheiden lassen. – Klaus hat sich von Maria scheiden lassen. – Er/Sie ist (schon zum zweiten Mal) geschieden. – ein geschiedener Mann, eine geschiedene Frau*
b) jdn. oder etwas verlassen: *Sie ist aus ihrem Amt geschieden.* (= Sie ist in den Ruhestand getreten.) *– Sie trafen sich als Gegner, aber sie sind als Freunde geschieden.*
c) trennen: *In diesem Betrieb wird Gold von Silber geschieden.*
d) sterben: *Er ist aus dem Leben geschieden.*

Bilden Sie Sätze nach folgendem Muster:

> mein Freund, von seiner Frau, sich scheiden lassen (Perf.)
> *Mein Freund hat sich von seiner Frau scheiden lassen.*

1. nach siebenjähriger Ehe, eine Schwester, von Albert, sich scheiden lassen (Perf.)
2. der Richter, die Ehe zwischen meiner Schwester und meinem Schwager, scheiden (Perf.)

3. die Ehe, nach sieben Jahren, scheiden (Prät. Passiv)
4. nach langem Leiden, der Kranke, schließlich, aus dem Leben scheiden (Perf.)
5. sie, im Streit, scheiden (Prät. Pl.)

Ergänzen Sie „geschieden" bzw. „scheidend" mit der richtigen Endung.

6. eine _____ Ehe (Part. Perf.)

7. mit dem _____ Ehemann (Part. Perf.)

8. die Eltern der _____ Ehefrau (Part. Perf.)

9. die Kinder aus der _____ Ehe (Part. Perf.)

10. die voneinander _____ Freunde (Part. Präs.)

11. der freiwillig aus dem Leben _____ alte Mann (Part. Perf.)

12. der in der kommenden Woche _____ Präsident (Part. Präs.)

13. Wenn du dich nicht entschuldigst, sind wir _____ Leute. (= …, haben wir uns nichts mehr zu sagen.) (Part. Perf.)

40   schießen – erschießen – anschießen

> Der Jäger hat einen Hasen geschossen. – Man hat den Freiheitshelden erschossen. – Ein Bankräuber wurde angeschossen.

Achtung: Der Jäger hat einen Hirsch *geschossen.* (Nicht: *erschossen*)
Der Spion wurde *erschossen.* (Nicht: *geschossen*)

schießen (schoss, hat geschossen) eine Schusswaffe abfeuern:
a) *Wer hat eben geschossen? – Vorsicht, hier wird geschossen!*
b) auf jdn./etwas schießen: *Der Einbrecher hat auf den Nachtwächter geschossen. – Die Soldaten haben auf den Feind geschossen.* (Siehe Besonderheit!)
c) Wild (z. B. einen Hasen, ein Reh) erlegen, töten: *Der Jäger hat ein Wildschwein geschossen.*
d) sich schießen in (+ A) / durch (+ A): *Er hat sich eine Kugel ins Herz / durch den Kopf geschossen.*

jdn./etwas/sich erschießen (erschoss, hat erschossen) jdn./sich/ein Haustier mit der Schusswaffe töten: *Der eifersüchtige Ehemann erschoss seine Frau. Dann erschoss er sich selbst.* – (fig.) *Ich bin völlig erschossen!* (= sehr müde, erschöpft)

jdn./etwas anschießen (schoss an, hat angeschossen) jdn./ein Tier mit der Schusswaffe verletzen:
Der Bankräuber hatte einen Polizisten angeschossen.

Besonderheit: Beim Erlegen von Wildtieren (z. B. Hase, Reh, Wildschwein) spricht man von *schießen: Der Jäger hat einen Hasen geschossen.*

Beim Töten von Haustieren oder auch von Menschen mit der Schusswaffe spricht man von *erschießen: Der Förster hat seinen todkranken Hund erschossen. – Der Räuber wurde auf der Flucht erschossen.*

Aber: *Die Räuber haben auf die Polizei geschossen.* Aus dieser Aussage ist nicht erkennbar, ob die Räuber jemanden getroffen haben oder nicht.

„schießen", „erschießen" oder „anschießen"? Setzen Sie das passende Verb in der richtigen Form ein.

1. Die Jäger hatten einen Hirsch und zwei Wildenten _____ . (= erlegt)

2. Sie haben den Gefangenen auf der Flucht _____ . (= getötet)

3. Er _____ auf das Ziel, traf es aber nicht. (Prät.)

4. Nach der achtstündigen Bergtour waren alle völlig _____ .

5. Achtung! Bei diesem Manöver wird scharf _____ .

6. Sie hat sich eine Kugel durch den Kopf _____ .

7. Er hat sich _____ . (= getötet)

8. Es muss noch festgestellt werden, wer zuerst _____ hat.

9. Der Flüchtling wurde _____ ; er konnte aber trotz seiner Verletzung fliehen.

41 schreiben – aufschreiben

Sie schreibt ihrer Freundin. – Sie hat die Adresse aufgeschrieben.

Achtung: Der Kaufmann *hat seine Ausgaben aufgeschrieben.* Oder: *... in ein Buch geschrieben.* (Nicht: *seine Ausgaben geschrieben*)

jdm. etwas schreiben (schrieb, hat geschrieben); schreiben an (+ A); über (+ A) u. a. *Hast du den Eltern* (oder: *an die Eltern*) *geschrieben? – Lutz schreibt seinem Freund einen Brief. – Schreib mir, wann du kommst! – Sie schrieb den Satz an die Tafel / auf einen Zettel / in ein Heft oder Buch. – Er schreibt eine wissenschaftliche Arbeit über den Marxismus.*

jdm. oder sich etwas aufschreiben (schrieb auf, hat aufgeschrieben) notieren, schriftlich festhalten: *Ich hab mir deine Adresse aufgeschrieben. – Sie hat (mir) alles aufgeschrieben, was ich besorgen soll. – Der Motorradfahrer wurde von der Polizei aufgeschrieben.* (= wegen eines Verstoßes notiert.)

Besonderheit: Bei einer näheren Angabe mit der Präposition *auf* genügt *schreiben: Sie hat alles auf einen Zettel geschrieben.* (Nicht: *auf einen Zettel aufgeschrieben.*) Aber: *Sie hat alles aufgeschrieben.*

„Schreiben" oder „aufschreiben"? Setzen Sie das passende Verb in der richtigen Form ein.

1. Ich habe alles _____ , was du mir mitbringen sollst.

2. Er hat mir einen Brief _____ .

3. Der Doktor hat mir _____ , wie oft ich die Medizin nehmen soll.

4. Das kann ich nicht alles im Kopf behalten; ich muss es mir _____ .

5. Ich glaube, die Polizei hat mich _____ , weil ich zu schnell gefahren bin.

6. _____ mir bitte, wann du kommst! (Imper.)

42 schütten – füllen – gießen

> Er schüttet Salz in das Salzfass. – Sie füllt Saft in Flaschen. – Er gießt die Pflanzen im Garten.

Achtung: *Er gießt den Tee in die Tassen.* (Nicht: *Er schüttet*)

schütten (schüttet, schüttete, hat geschüttet)
a) Flüssiges oder aus einzelnen Stücken/Teilchen bestehendes Material in etwas fließen oder strömen lassen: *Zucker in die Zuckerdose schütten – Schutt / Steine / Sand in Säcke schütten – Sie schütteten (mit Eimern) Wasser ins Feuer. – Er schüttet die Abfälle in den Mülleimer.*
b) *Es schüttet.* (= Es regnet sehr stark.)

etwas/sich füllen (füllte, hat gefüllt)
a) etwas vollmachen: *die Flasche mit Wasser füllen – den Sack mit Kartoffeln füllen – Er füllte die Gläser mit Sekt.*
b) sich füllen = voll werden: *Langsam füllt sich der Saal mit Menschen. – Seine Augen füllten sich mit Tränen.*

gießen (goss, hat gegossen)
a) eine Flüssigkeit durch Neigung des Gefäßes (z. B. des Eimers / der Kanne) in etwas (z. B. in die Tasse / in den Ausguss) fließen lassen: *Tee in die Tasse gießen – die Blumen gießen – Sie hat mir aus Versehen die Suppe übers Kleid gegossen.*
b) *Es gießt in Strömen* (= Es regnet sehr stark.)
c) heißes, flüssiges Metall in Formen fließen lassen, um daraus etwas herzustellen: *In dieser Firma werden Glocken gegossen.*

Merke: *gießen* und *schütten* haben eine ähnliche Bedeutung. Jedoch bezieht sich *gießen* nur auf Flüssiges; man *schüttet* Flüssiges oder aus kleinen Teilen Bestehendes aber immer aus offenen Gefäßen, Behältern oder dergleichen (Eimer, Topf, Sack usw.), auch z. B. von einem Lastwagen usw.

„schütten", „füllen" oder „gießen"? Setzen Sie das passende Verb in der richtigen Form ein. (Manchmal sind zwei Verben einsetzbar!)

1. Die Abfälle werden immer noch ins Meer _____ .

2. Er _____ den Wein in Flaschen. (Präs.)

3. _____ den Rest Saft in ein Glas! (Imper.)

4. Es hat so _____ , dass wir alle nass bis auf die Haut wurden.

5. Die Figur des Reiters ist aus Bronze _____ . (*die Bronze* = Mischung von Kupfer [Cu] mit anderen Metallen)

6. Der Saal _____ sich mit Gästen. (Prät.)

7. Das Öl darfst du nicht in den Ausguss _____ !

8. Hast du daran gedacht, die Blumen zu _____ ?

9. Sie _____ schnell die Säcke mit Sand, um sich damit gegen das Hochwasser zu schützen. (Prät. Pl.)

43 sitzen – stehen (vgl. § 4 Nr. 21)

> Der Anzug sitzt, aber die Farbe steht ihm nicht.

Achtung: Die Jacke *sitzt.* (Nicht: *sitzt dir*)

Man sagt von einem Kleidungsstück,
a) dass *es sitzt,* d. h., dass es nicht zu groß oder zu klein, nicht zu weit und nicht zu eng ist, es passt genau: *Der Anzug sitzt wunderbar!*
b) dass *es jemandem steht,* d. h., dass es zu seinem/ihrem Typ passt: *Das sportliche Kostüm* (aber auch z. B.: *Diese verrückte Frisur*) *steht ihr nicht. – Der Bart steht dir gut!*

„sitzt" oder „steht"?

1. Du musst noch mal zur Schneiderin gehen; das Kleid _____ noch nicht richtig.

2. Dieser sportliche Anzug _____ dir gut, du musst aber noch einiges ändern lassen.

3. Ich finde, deine neue Frisur _____ dir nicht besonders.

4. Er hat es gut! Er kauft sich den Anzug von der Stange und er _____ immer. (*von der Stange kaufen = fertigen Anzug im Laden kaufen*)

5. Ich kann keinen Anzug von der Stange kaufen; er _____ nie!

6. Das Kleid _____ dir nicht; du siehst darin viel dicker aus, als du bist.

44 sterben – töten

> Er starb an einer Pilzvergiftung. – Ein Verbrecher hat den Kaufmann getötet.

Achtung: Mehrere Menschen *wurden getötet.* (Nicht: *wurden gestorben*)

Merke: Von *sterben* gibt es keine Passivformen.

sterben (stirbt, starb, ist gestorben) an (+ D) aufhören zu leben: *Er starb an Krebs. – Sie ist an den Folgen eines Unfalls gestorben.*

jdn. töten (tötet, tötete, hat getötet) einem Menschen oder einem Tier das Leben nehmen: *Ich habe den kranken Vogel aus Mitleid rasch getötet. – Immer wieder werden junge Menschen in Kriegen sinnlos getötet.*

Setzen Sie das passende Verb aus der Klammer ein.

1. Alle Menschen müssen _____ . (töten/sterben)

2. Kain _____ seinen Bruder Abel. (tötete/starb)

3. Nachdem auch noch ein zweiter Zoowächter an den Verletzungen durch das gefährliche Raubtier _____ (getötet wurde / gestorben war), ließ der Direktor das Tier _____ . (töten/sterben)

4. Präsident Kennedy _____ durch die Hand eines Mörders. (tötete/starb)

5. Bei dem Unfall _____ vier Personen an ihren Verletzungen. (wurden getötet / starben)

6. Weil der Hund an Krebs litt und große Schmerzen hatte, ließ sein Herr ihn durch einen Tierarzt _____ . (töten/sterben)

45 stoßen – zusammenstoßen

Er hat ihn gestoßen. – Sie sind auf Erdöl gestoßen. – Zwei Autos sind zusammengestoßen.

Achtung: An der Ecke *stieß* er mit einem Herrn zusammen. (Nicht: *stieß sich*)

jdn./etwas/sich stoßen (stößt, stieß, hat gestoßen)
a) jdn./etwas mit einer heftigen Bewegung treffen: *Er hat ihn so heftig gestoßen, dass er hinfiel. – Er hat ihr das Messer in die Brust gestoßen. – Sie hat ihn ins Wasser gestoßen.*
b) sich stoßen an: *Sie hat sich am Kopf gestoßen. – Pass auf, dass du dich nicht an der Schranktür stößt!*

stoßen (stößt, stieß, ist gestoßen)
a) *Er ist mit dem Fuß gegen* (auch: *an*) *einen Stein gestoßen.*
b) *stoßen auf* (+ A) = zufällig etwas finden: *Bei der Suche nach Kohle ist man auf eine Goldader gestoßen.*

zusammenstoßen (stößt zusammen, stieß zusammen, ist zusammengestoßen) *An der Ecke bin ich mit einem Herrn zusammengestoßen. – An der Kreuzung sind zwei Autos zusammengestoßen.*

Bilden Sie Sätze mit „stoßen" oder „zusammenstoßen" im Perfekt nach einem der obigen Muster.
1. ich / am großen Zeh
2. Manfred / den Schulkameraden / mit der Faust / vor die Brust
3. Karl / im Dunkeln / mit dem Kopf / an die Wand
4. zwei Motorräder / an der Ecke
5. bei Durchsicht unseres Erbes / wir / auf eine wertvolle Briefmarkensammlung
6. beim Bohren nach Wasser / die Ingenieure / auf Erdöl

46 telefonieren – anrufen

Ich habe mit ihm telefoniert. – Ich habe bei ihm angerufen. – Ich habe ihn angerufen.

Achtung: Ich habe *mit ihm telefoniert.* (Nicht: Ich habe *ihm telefoniert.*)

telefonieren (telefonierte, hat telefoniert) (mit jdm.) *Ich habe mit ihm telefoniert und ihm gesagt, dass ... – Wir haben gestern miteinander telefoniert.*

jdn. anrufen (rief an, hat angerufen) oder **bei jdm. anrufen** *Ich habe ihn angerufen und ihm gesagt, dass ... . Oder: Ich habe bei ihm angerufen ...*

Besonderheit: Unter *anrufen* versteht man eher den technischen Vorgang des Wählens; daher kann man sagen: *Ich habe dreimal bei ihm angerufen, aber es hat sich niemand gemeldet.* Unter *telefonieren* versteht man *mit jdm. sprechen*; es kann daher in obigem Beispiel nicht für *anrufen* stehen. Das gleiche gilt umgekehrt: *Als wir gestern miteinander telefonierten, wurde plötzlich die Leitung unterbrochen.*

Verwenden Sie jeweils das andere Verb. Formen Sie die Sätze entsprechend um.
1. Wenn du mich tagsüber anrufen willst, musst du die Nummer 7 15 23 wählen.
2. Er hat mich angerufen und mir gesagt, dass er nicht kommen kann.
3. Ich habe sie gestern angerufen, aber sie war ziemlich unfreundlich.
4. Hast du gestern bei Christian angerufen?

„telefoniert“ oder „angerufen“?

5. Hast du gestern bei mir _____ ?

6. Ich habe mit ihm _____ ; es geht ihm gut.

7. Der Landwirt hat den Tierarzt _____ ; er kommt sofort.

8. Solange er unterwegs war, hat er jeden Abend mit ihr _____ .

47   treten – eintreten – betreten

> Er trat ins Zimmer. – Er klopfte und trat ein. – Er betrat das Zimmer.

Achtung: Der Jäger *trat in die Hütte.* (Nicht: *trat die Hütte ein*)

treten (tritt, trat, hat/ist getreten)
a) einen oder einige Schritte gehen: *Er ist vor die Tür / ans Fenster / auf den Balkon / ins Haus / zur Seite getreten. – Er ist in eine Pfütze getreten.*
b) jdn./etwas mit dem Fuß stoßen: *Er hat mich (ans Schienbein) getreten. – Er hat/ist mir auf den Fuß getreten. – Er hat gegen die Tür getreten.*

Merke: *treten* im Sinn einer Fortbewegung → Perfekt mit *sein*.

eintreten (tritt ein, trat ein, hat/ist eingetreten)
a) etwas mit dem Fuß eindrücken, zerstören: *Die Diebe haben die Haustür eingetreten.*
b) hineingehen: *Er öffnete die Zimmertür und trat ein. – Bitte, treten Sie ein!*

Besonderheit: *eintreten* in der Bedeutung *hineingehen* steht ohne Ortsangabe: *Er trat ein, ohne anzuklopfen. – Er erreichte das Haus und trat ein.* Nennt man den Ort, so verwendet man *treten in + A: Er trat in das Haus.*

c) (fig.) *Er ist in den Gartenbauverein eingetreten.*

etwas (A) betreten (betritt, betrat, hat betreten) *Sie hat das Haus nie wieder betreten. – Ich hatte gerade das Zimmer betreten, da …*

„treten“, „eintreten“ oder „betreten“? Setzen Sie das passende Verb in der richtigen Form ein.

1. 1987 bin ich in den Skiklub _____ .

2. Bitte _____ Sie _____ und nehmen Sie Platz!

3. Diese Kerle haben sogar alle Schranktüren _____ .

4. Der Hausherr _____ vor die Tür, um die Gäste zu begrüßen. (Prät.)

5. Er hat ihm heimlich auf den Fuß _____ , um ihm ein Zeichen zu geben.

6. Wenn du mich noch einmal _____ , dann schlage ich zurück!

7. Diese ungemütliche Gaststätte werde ich wohl so schnell nicht wieder _____ !

8. (Bei der Schlossführung:) Wir _____ jetzt das Empfangszimmer des Königs. (Präs.)

48 verbreiten – verbreitern

Die Nachricht verbreitete sich schnell. – Das Bauamt will die Straße verbreitern.

etwas/sich verbreiten (verbreitet, verbreitete, hat verbreitet) ausdehnen, ausbreiten, um sich greifen: *Überall verbreitete sich Schrecken. – Nebel verbreitete sich bis in alle Seitentäler. – Der Sender verbreitete eine falsche Nachricht.*

etwas/sich verbreitern (verbreitert, verbreiterte, hat verbreitert) breiter machen, breiter werden: *Die Straße wird um einen Meter verbreitert. – Das Grundstück verbreitert sich nach Süden zu.*

„verbreiten" oder „verbreitern"? Setzen Sie das passende Verb in der richtigen Form ein.

1. Die Baufirma _____ die Straße. (Präs.)

2. Die Nachricht von der Prügelei hat sich wie ein Lauffeuer in der Stadt _____ .

3. Seuchen sind gefährliche Krankheiten, die sich schnell _____ .

4. Die Startbahn für Flugzeuge wurde um zehn Meter _____ .

5. Die Grippewelle _____ sich in ganz Europa. (Prät.)

6. Unser Hausherr hat die Terrasse vor dem Haus _____ .

49 verschreiben – aufschreiben – vorschreiben

Du hast dich hier verschrieben! – Der Arzt hat mir Tabletten verschrieben. – Schreib dir den Namen auf! – Du kannst mir nichts vorschreiben!

verschreiben (verschrieb, hat verschrieben)
a) *sich verschreiben:* etwas irrtümlich falsch schreiben: *Seit sie geheiratet hat, verschreibt sie sich noch manchmal und unterschreibt mit ihrem Mädchennamen.*
b) *jdm. etwas (A) verschreiben:* (als Arzt) etwas schriftlich verordnen: *Der Arzt hat mir Tabletten gegen die Halsschmerzen verschrieben.*

jdm./sich etwas (A) aufschreiben (schreibt auf, schrieb auf, hat aufgeschrieben) etwas schriftlich festhalten, notieren: *Ich schreibe mir immer alles auf, was ich besorgen will. – Ich schreib dir meine Adresse auf.* (Vgl. § 9b Nr. 41)

jdm. etwas (A) vorschreiben (schreibt vor, schrieb vor, hat vorgeschrieben) befehlen, anordnen: *Sie will ihrem erwachsenen Sohn immer noch vorschreiben, was er zu tun hat. – Das Gesetz schreibt folgende Maßnahme vor: ...*

„verschreiben", „aufschreiben" oder „vorschreiben"? Setzen Sie das passende Verb in der richtigen Form ein.

1. Mutter lässt sich vom Arzt ein Mittel gegen Rheuma _____ .

2. Ich lasse mir von dir nichts _____ ! Ich kann tun und lassen, was ich will.

3. Das Rezept von deinem Kuchen muss ich mir unbedingt _____ !

4. Die Hausaufgabe musst du noch mal machen; du hast dich zu oft _____ .

5. Eine Schreibhilfe, die sich in fast jeder Zeile einmal _____ , kann ich nicht gebrauchen.

6. Hast du dir meine neue Adresse _____ ?

7. Das Gesetz _____ Folgendes _____ : ... .

8. Der Polizist hat gerade deine Autonummer _____ .

50 versuchen – untersuchen

> Wir versuchten, ihn zu erreichen. – Versuch mal diesen Käse! – Der Arzt untersucht den Patienten.

etwas (A) versuchen (versuchte, hat versucht)
a) etwas in Angriff nehmen; probieren, ob etwas möglich ist: *Sie versuchte, ihn telefonisch zu erreichen. – Ich habe lange versucht, Griechisch zu lernen.*
b) eine Speise, ein Getränk kosten, probieren: *Versuch mal diesen Wein! Schmeckt er dir?*

jdn./etwas (A) untersuchen (untersuchte, hat untersucht) etwas mit den Händen oder mit Instrumenten prüfen; sich bemühen, etwas festzustellen oder zu erkennen: *Der Arzt untersuchte den Patienten gründlich. – Sein Blut wurde auch untersucht. – Das abgestürzte Flugzeug ist von einem Expertenteam genau untersucht worden.*

„versuchen" oder „untersuchen"? Setzen Sie das passende Verb in der richtigen Form ein.

1. _____ mal meine Marmelade! Wie schmeckt sie dir?

2. Ich habe den ganzen Tag _____ , dich zu erreichen.

3. Der Gerichtsmediziner _____ den Ermordeten. (Prät.)

4. Die Lebensmittel werden laufend chemisch _____ .

5. (Die Kriminalpolizei:) Bevor wir den Fall nicht genau _____ haben, können wir keine genaueren Angaben machen.

6. Die Ärzte haben alles _____ , um ihn zu retten.

51 warten auf – erwarten

> Wir warten auf den Bus. – Wir erwarten euren Besuch.

warten (wartet, wartete, hat gewartet) (auf jdn./etwas) *Ich warte schon lange auf einen Brief von ihr. – Er wartet vor der Post auf uns.*

jdn./etwas erwarten (erwartet, erwartete, hat erwartet)
a) auf jdn. oder etwas mit Spannung warten: *Wir erwarten zu Weihnachten den Besuch unserer Kinder. – Wir erwarten dich um 19 Uhr am Bahnhof.*
b) ein kommendes Ereignis für wahrscheinlich oder erforderlich halten: *Ich darf erwarten, dass ich das Geld pünktlich zurückbekomme. – Eine Verringerung der Arbeitslosenzahl ist vorerst nicht zu erwarten.*

„warten" oder „erwarten"? Setzen Sie das passende Verb in der richtigen Form ein.

1. „Er kommt nicht!" – „Das habe ich _____ !"

2. Ich _____ heute Abend Besuch.

3. _____ auf mich! Ich komme gleich! (Imper. Sing.)

4. Ich _____ deinen Anruf.

5. Wir _____ bis 17 Uhr, dann gingen wir nach Hause. (Prät.)

6. Wo warst du denn? Wir haben schon so lange auf dich _____ !

52 wecken – wachen – erwachen – aufwachen

> Ich wecke ihn. – Er wacht über den Betrieb. – Er erwacht nie vor 9 Uhr. – Ich bin spät aufgewacht.

Achtung: Pünktlich um sieben *bin ich erwacht.* Oder: *... aufgewacht.* (Nicht: *habe ich erwacht/ aufgewacht*)

jdn./etwas wecken (weckte, hat geweckt) jdn. wach machen: *Meine Mutter / Der Wecker hat mich um sechs geweckt. –* (fig.) *Er hat mein Interesse für die Fotografie geweckt.*

wachen (wachte, hat gewacht) (über + A) nicht schlafen; aufpassen: *Sie wachte die ganze Nacht am Bett ihres Kindes. – Er wacht darüber, dass nichts gestohlen wird.*

erwachen (erwachte, ist erwacht) (Vgl. § 2 Nr. 13) wach werden: *Ich bin erst spät erwacht. –* (fig.) *Sein Interesse / Sein Misstrauen ist erwacht.*

aufwachen (wachte auf, ist aufgewacht) (Vgl. § 9b Nr. 10) wach werden: *Von dem Lärm bin ich aufgewacht. – Du brauchst mich nicht zu wecken, ich wache von selbst auf.*

„wecken" oder „wachen"? „erwachen" oder „aufwachen"? Setzen Sie das passende Verb in der richtigen Form ein.

1. Sie _____ Tag und Nacht am Krankenbett _____ . (Perf.)

2. Warum _____ du mich heute so früh? (Präs.)

3. Ich _____ von selbst _____ . (Perf.)

4. Sei leise, damit meine Eltern nicht _____ !

5. Sie _____ darüber _____ , dass die Wahl ordnungsgemäß ablief. (Perf. Pl.)

6. Die Berichte über Ostbayern _____ mein Interesse an diesem Gebiet _____ . (Perf.)

7. Als ich die Bilder aus der Schulzeit sah, _____ in mir alte Erinnerungen. (Prät.)

8. Als sie von alten Büchern in der Kiste sprach, _____ meine Neugier. (Prät.)

53 wehtun – schmerzen

> Du tust mir weh! – Das rechte Ohr tut mir weh. – Die Wunde schmerzt.

Achtung: *Du tust mir weh.* (Nicht: *Du schmerzt mich.*)

1. jdm./sich wehtun (tut weh, tat weh, hat wehgetan) – es tut weh

a) jdm./sich körperliche Schmerzen verursachen: (Er hat mir auf den Fuß getreten.) *Du hast mir wehgetan! – Mein Kopf tut mir weh. –* (Der Arzt:) *Wo tut's denn weh? Hier tut's mir weh, hier am Bein! Es tut mir sehr weh. –* (Ich habe mich an der Schranktür gestoßen.) *Ich habe mir sehr wehgetan.*

b) jdm. seelischen Schmerz zufügen: *Mit seiner unbedachten Bemerkung hat er ihr sehr wehgetan.*

2. schmerzen (schmerzte, hat geschmerzt) wehtun: *Die Wunde schmerzt (mich) (sehr). – Der Abschied von ihr schmerzte ihn. – Der Zahnarzt zog den schmerzenden Zahn.*

Merke: Das Verb ist unpersönlich, d. h., es kann keine Person zum Subjekt haben. (Vgl. § 9b Nr. 27) Also nicht: *Es hat mich geschmerzt,* sondern etwa: *Sein Wort / Sein Verhalten hat mich geschmerzt. – Es schmerzt mich, dass …* (seelisch)

Anmerkung: Häufiger als das Verb *schmerzen* wird der Ausdruck *Schmerzen haben* verwendet: *Ich habe (solche / starke) Schmerzen im Hals. – Ich habe Kopfschmerzen.*

Formen Sie um und achten Sie dabei auf die Zeit.

> Sie hat starke Schmerzen im Hals. (Der Hals schmerzt sie.)
> *Der Hals tut ihr sehr weh.*

1. Ich hatte Schmerzen im linken Fuß.
2. Er hat Schmerzen in der Lunge gehabt.
3. Das Knie schmerzt sie.
4. Uta klagt darüber, dass sie beim Laufen starke Schmerzen im rechten Bein hat. (sehr wehtun)
5. Dass er seine Frau verlassen hat, hat sie sehr geschmerzt.

zu 1: *„hat sich abgespielt" oder „ist passiert"?* a) Auf dem Marktplatz _____ (_____ ?) eine schreckliche Szene _____ . b) Wo _____ (_____ ?) der Vorgang denn _____ ? c) Warum weinst du? Was _____ (_____ ?) denn _____ _____ ? d) Keine Aufregung! Es _____ (_____ ?) nichts _____ !

zu 2: *„abgewehrt" oder „sich gewehrt"?* a) Er hat (_____ ?) gegen die Vorwürfe _____ _____ . b) Warum hat er (_____ ?) nicht _____ , als er angegriffen wurde? c) Er hat (_____ ?) nicht _____ , um ihn nicht noch mehr zu reizen. d) Mit einem kräftigen Feuer haben die Afrikareisenden (_____ ?) in der Nacht wilde Tiere _____ _____ .

zu 3: *„geachtet" oder „beachtet"?* a) Er hat auf die Warnrufe der Soldaten nicht _____ _____ . b) Ich habe alle Vorschriften _____ ! c) Sie setzt sich für die Ausländer ein und ist deshalb bei ihnen sehr _____ . d) Er hat das Haltesignal am Bahnübergang nicht _____ .

zu 4: *„angebaut" oder „eingebaut"?* a) In diesem Radio ist ein 100-Watt-Verstärker _____ _____ . b) In Mexiko wurde Mais schon vor 5000 Jahren _____ . c) An das Restaurant hat man jetzt eine Kegelbahn _____ . d) Er hat in den Schrank zahlreiche Schubladen _____ .

zu 5: *„angeboten", „gebeten" oder „gebetet"?* a) Mein Freund hat mir _____ , mich mitzunehmen. b) Das Kind hat vor dem Schlafengehen _____ . c) Die Bauern haben auf dem Markt ihre Waren _____ . d) Ich hatte dich doch _____ _____ mich anzurufen, wenn du zurückkommst.

zu 6: *„geändert", „verändert" oder „gewechselt"?* a) Sie hat ihr Kleid _____ ; vorhin hatte sie ein rotes an, jetzt ein weißes. b) Er hat seine Meinung über den Bundeskanzler _____ . c) Der Märchenerzähler hatte seine Stimme _____ ; mit ganz tiefer Stimme sprach er die Rolle des Wolfs. d) Durch die lange Gefangenschaft hatte er sich ganz _____ . e) Hast du das Geld _____ ? f) Sie hat den Partner _____ .

zu 7: *„angezogen", „umgezogen" oder „ausgezogen"?* a) Der kleine Max hatte sich _____ _____ und war ganz schnell in die Badewanne gestiegen. b) (Müllers Wohnung steht leer:) Wann sind Müllers denn hier _____ ? c) Die Feuerwehrleute waren von der Arbeit zur Feuerwache geeilt, hatten sich _____ und waren zu der Brandstelle gefahren. d) Tausende von Insekten flogen um die Lampe; das Licht hatte sie _____ .

zu 8: *„auflösen" oder „auslösen"?* a) Der Zucker muss sich in der Milch ganz _____ _____ . b) Du kannst zuschauen, wie sich die Wolken _____ . c) Der Finanzminister ahnte nicht, dass seine Steuerpläne solche Proteste _____ würden. d) Die Regierung wollte den im Ausland entführten Deutschen gegen Geld _____ . e) Du musst die Tablette in Wasser _____ .

zu 9: *„angezogen" oder „aufgesetzt"?* a) Du hast wieder deinen Hut nicht _____ ! b) Der Professor hatte wieder zwei verschiedene Strümpfe _____ . c) Der Vater hatte eine böse Miene _____ . d) Hast du das Teewasser _____ _____ ?

zu 10: *„geweckt", „gewacht" oder „aufgewacht"?* a) Der Hotelportier hat mich um 6.30 Uhr _____ . b) Ich bin erst _____ , als die Sonne schon hoch am Himmel stand. c) Sie hat streng darüber _____ , dass die Angestellten pünktlich zum Dienst erschienen.

zu 11: *„abgestiegen" oder „ausgestiegen"?* a) Auf unserer Reise sind wir in preiswerten Hotels _____ . b) Sie sind an der falschen Station _____ ! c) Früher bin ich die Berge hinaufgeradelt; da bin ich nicht _____ !

zu 12: *„berichtet", „berichtigt" oder „benachrichtigt"?* a) Helga hat Interessantes über ihre neue Arbeit _____ . b) Hast du deine Verwandten schon _____ _____ , dass du kommst? c) Manchmal _____ unsere Zeitung nichts über wichtige Ereignisse. d) Er hatte sich in den Zahlen geirrt, hat sich aber sofort _____ .

zu 13: *„betrachtet" oder „beobachtet"?* a) Ein Zeuge hatte den Dieb _____ . b) Hast du dich mal im Spiegel _____ ?

zu 14: *„brauchen", „gebrauchen" oder „verbrauchen"?* a) Wir haben die Wasserrechnung bekommen: Unsere Mieter _____ sehr viel Wasser! b) Wozu _____ _____ Sie denn das Geld? c) Du sollst nicht immer so schreckliche Flüche _____ !

zu 15: *„gebrannt", „angebrannt", „verbrannt" oder „abgebrannt"?* a) Das Wohnhaus, die Scheune, die Ställe – alles ist _____ . b) Sogar die Schweine und die meisten Kühe sind _____ . c) Auch in unserem Haus hat es voriges Jahr einmal _____ . d) Das Fleisch schmeckt merkwürdig! Ich glaube, es ist _____ _____ .

zu 16: *„drucken" oder „drücken"?* a) Der Verlag will das Buch _____ lassen. b) Er wollte mich an die Wand _____ . c) Ihn _____ schwere Sorgen.

zu 17: *„entdeckt" oder „erfunden"?* a) Unsere heutigen Benzinmotoren arbeiten meistens nach einem Prinzip, das Nicolaus Otto (1832–1891) _____ hat. b) In deiner Arbeit habe ich einen schweren Fehler _____ !

Test 16

zu 18: *„sich ereignet" oder „stattgefunden"?* a) Die Expedition musste abgebrochen werden; ein schwerer Unfall hatte (_____ ?) _____ . b) Die erste Begegnung der beiden Politiker hatte (_____ ?) in Genf _____ .

zu 19: *„erkennen" oder „verstehen"?* a) Er spricht nur Japanisch und das kann ich nicht _____ . b) Ich kann _____ , dass er die Frau nicht heiraten wollte. c) Hunde _____ bestimmte Menschen am Geruch. d) Mit dem Bart und der Sonnenbrille wird dich niemand _____ .

zu 21: *„erschreckt" oder „erschrocken"?* a) Mit deiner Nachricht hast du mich sehr _____ _____ . b) Ich bin wirklich furchtbar _____ .

zu 22: *„gegessen", „getrunken" oder „geschluckt"?* a) Hast du schon deine Medizin _____ _____ ? b) Ich habe die Pilze nicht _____ . c) Konrad hat Tomatensuppe so gern _____ . d) Opa hat jeden Abend ein Glas Wein _____ .

zu 23: *„gefallen" oder „hingefallen"?* a) Horsts Großvater ist im Zweiten Weltkrieg _____ _____ . b) Der Dachdecker ist vom Dach _____ . c) Klein Gustav hat wieder nicht aufgepasst und ist _____ .

zu 24: *„gefördert", „gefordert" oder „aufgefordert"?* a) Die Angestellten haben mehr Urlaub _____ . b) Der junge Wissenschaftler wurde von seinem alten Professor sehr _____ . c) Das meiste Erdöl wird zur Zeit in Saudi-Arabien _____ . d) Der Wirt hat den betrunkenen Gast _____ , das Lokal zu verlassen.

zu 25: *„gefroren", „zugefroren" oder „erfroren"?* a) Heute Nacht hat es _____ . b) Sogar der See ist _____ . c) Selbst in Italien sind die Palmen _____ . d) Er hat sich in der Eiseskälte drei Zehen _____ . e) Die Kinder haben an den Händen _____ .

zu 26: *„führen" oder „herumführen"?* a) Ein Student sollte die Besucher in der Stadt _____ . b) Ein geschulter Blindenhund kann einen Blinden sicher durch die ganze Stadt _____ .

zu 27: *„gelungen" oder „gelangt"?* a) Reinhold Messner ist es _____ , 8000 Meter hohe Berge ohne Sauerstoffgerät zu besteigen. b) Spät am Abend sind die Wanderer an ihr Ziel _____ .

zu 28: *„geheiratet" oder „verheiratet"?* a) Meine Eltern haben 1958 _____ . b) Sie sind jetzt über 40 Jahre _____ . c) Mein Bruder hat sich dreimal verlobt, aber er hat bis heute nicht _____ .

zu 29: *„herausgestellt" oder „herausgefunden"?* a) Es hat sich später _____ , dass der Chirurg überhaupt kein Examen hatte. b) Wie hat man das denn _____ ?

zu 30: *„kennst" oder „weißt"?* a) _____ du Hamburg? b) _____ du, wo Flensburg liegt? c) _____ du noch, wo Ulla wohnt? d) Ach, du _____ sie gar nicht?

zu 31: *„laden" oder „beladen"?* a) Er kann die Pistole nicht _____ . b) Sie _____ zu viel auf den Wagen! c) Ihr habt den Lastwagen viel zu schwer _____ ! d) Hier werden Eisenbahnwaggons _____ , drüben entladen.

zu 32: *„liegen", „stehen" oder „sitzen"?* a) Die Teller _____ schon auf dem Tisch! b) Die Zeitungen _____ dort auf dem Stuhl. c) Dort, in dem Baum _____ viele Vögel. d) Wo soll der Schrank und wo sollen die Betten _____ ? Die Gangster _____ endlich im Gefängnis! f) Die Schlüssel _____ in der Schublade.

zu 33: *„tun" oder „machen"?* a) Ich will ihm nicht Unrecht _____ . b) Der Arzt will ihm nicht weh_____ . c) Wenn er dich schlägt, bekommt er es mit mir zu _____ _____ ! d) Die Kinder sollen keinen Lärm _____ . e) Können Sie ein bisschen Platz _____ , bitte? f) Er muss noch viele Experimente _____ .

zu 34: *„mahlen" oder „malen"?* a) Ich wünschte, ich könnte so _____ wie dieser Künstler! b) Hausfrauen, die selber Brot backen, _____ das Korn meistens auch selbst.

zu 35: *Geben Sie eine negative Antwort mit „brauchen".* a) Musst du immer noch abends um 11 Uhr zu Hause sein? _____ (nicht mehr) b) Müssen Sie mit dem Zug um 6.30 Uhr fahren? _____

zu 36: *„müssen" oder „sollen"?* a) Wenn Sie zum Zoo wollen, _____ Sie an der nächsten Station aussteigen. b) Sie _____ diese Aufgabe nicht machen, aber es wäre besser, wenn Sie sie machen. c) Sie _____ noch 5 kg Kartoffeln mitbringen, hat Ihre Frau gesagt! d) Gott hat gesagt, wir _____ nicht töten.

zu 37: *„nehmen", „holen" oder „bekommen"?* a) Sie will Geld bei der Bank _____ _____ . b) Woher soll ich denn das Geld _____ , wenn nichts mehr auf dem Konto ist? c) Für seine sportliche Leistung hat er einen Preis _____ .

zu 38: *„pflücken" oder „sammeln"?* a) Viele Mexikaner kommen in die USA, um Obst oder Baumwolle zu _____ . b) Im Krieg mussten die Leute Holz _____ um damit kochen und heizen zu können.

Test 17

zu 40: *„geschossen", „erschossen" oder „angeschossen"?* a) Bei der Schießerei wurde ein Polizist _____ und sofort ins Krankenhaus gebracht. b) Im Krieg wurden Spione sofort _____ . c) Wer hat da eben _____ ? d) Die Wache hat _____ , aber sie hat niemand getroffen.

zu 41: *„geschrieben" oder „aufgeschrieben"?* a) Ich habe dir alles _____ _____ , was du mir besorgen sollst. b) Ich habe allen Freunden von unterwegs eine Post- karte _____ .

zu 42: *„geschüttet", „gefüllt" oder „gegossen"?* a) Hast du die Blumen _____ ?
b) Die Steine wurden in eine Ecke _____ . c) Der fertige Wein wird in Flaschen _____ .

zu 43: *„sitzt" oder „steht"?* a) Das ist der erste Anzug, der dir wirklich _____ ! b) Das
Kleid _____ nicht! Du musst es unbedingt ändern lassen.

zu 44: *„gestorben" oder „getötet"?* a) Wurde der Rentner _____ oder ist er an
Altersschwäche _____ ? b) Hat der Politiker sich selbst _____
oder ist er ermordet worden?

zu 45: *„gestoßen" oder „zusammengestoßen"?* a) Bei Hamburg sind zwei Züge _____
_____ . b) Er hat mich _____ ; dadurch
bin ich an den Tisch _____ und zwei Tassen sind runterge-
fallen. c) Sie hatten nach Wasser gebohrt und sind auf Erdöl _____ .

zu 46: *„telefoniert" oder „angerufen"?* a) Ich habe bei meinen Eltern _____ ,
es hat sich aber niemand gemeldet. b) Meine Schwester hat bestimmt eine volle Stunde mit
ihrer Freundin _____ .

zu 47: *„getreten", „eingetreten" oder „betreten"?* a) Warum hast du mich _____ ?
b) Unter dem Tisch hat sie ihm auf den Fuß _____ , um ihm ein Zeichen zu
geben. c) Bitte den Rasen nicht _____ ! d) Mit 28 Jahren ist der Sohn in das
Geschäft seines Vaters als Kompagnon _____ .

zu 48: *„verbreitet" oder „verbreitert"?* a) Unglaublich, wie schnell sich die Nachricht _____
_____ hat! b) Die alten Autobahnen in der Bundesrepublik wurden
_____ .

zu 49: *„verschrieben", „aufgeschrieben" oder „vorgeschrieben"?* a) Er ist sehr unkonzen-
triert; deshalb hat er sich auch dauernd _____ . b) Sie hat sich schei-
den lassen, weil ihr Mann ihr alles und jedes _____ hat. c) Die Ärz-
tin hat ihr ein Mittel gegen Rheuma _____ . d) Sie hat alles _____
_____ , was wir gesehen und erlebt haben.

zu 50: *„versucht" oder „untersucht"?* a) Das Unfallauto wurde genau _____ .
b) Unser Brot schmeckt wirklich besser! Haben Sie es schon mal _____ ?
c) Man hat tagelang _____ , die verschwundenen Kinder zu finden.

zu 51: „*gewartet*" *oder* „*erwartet*"? a) Wir haben lange _____ , aber ihr seid nicht gekommen. b) Sie _____ ein Kind. (Sie ist schwanger.) c) Eigentlich hätte ich _____ , dass du dich bedankst.

zu 52: „*geweckt*", „*aufgewacht*" *oder* „*gewacht*"? a) Ich war so müde, dass ich erst gegen Mittag _____ bin. b) Warum hast du mich eigentlich so früh _____ ? c) Er hat die ganze Nacht bei dem Kranken _____ .

§ 9c Andere Wortarten und die Vorsilben „hin-" und „her-"

1 allein – einzig

> Hans allein hat alle Aufgaben gelöst. – Uwe ist mein einziger Freund.

allein (undekliniert)
a) in der Bedeutung von *nur*; andere(s) nicht mitgerechnet (*allein* kann vor oder hinter dem Beziehungswort stehen): *Eine kostbare Sammlung! Allein dieses Bild (Dieses Bild allein) ist schon ein Vermögen wert. – Allein der Chef (Der Chef allein) hat die Schlüssel zum Geldschrank.*
b) ohne andere: *Er will alles allein machen.*
c) einsam: *In dieser Stadt fühle ich mich so allein.*

Anmerkung: *allein* kann auch Konjunktion sein mit der Bedeutung *aber* (nur in der gehobenen Sprache): *Wir klingelten, allein es wurde uns nicht geöffnet.*

einzig (dekliniert; nicht nachgestellt)
nur einmal vorhanden, nur einer: *der einzige Freund; mit der einzigen Freundin; die einzigen Nachbarn – Er als Einziger hat sich bei mir bedankt.*

Merke: *ein einziger / kein einziger* = Verstärkung von *ein* bzw. *kein*: *Ein einziger Gast war gekommen. – Hier singt kein einziger Vogel mehr!*

„allein" oder „einzig"? Achten Sie auf die Deklinationsendung bei „einzig".

1. Ich habe keinen _____ Pfennig mehr in der Tasche!

2. Er hat als _____ eine Zulassung zum Medizinstudium bekommen.

3. Inge hat als _____ eine Eins in Französisch im Zeugnis.

4. Du _____ bist an allem schuld!

5. Seine _____ Tochter hat geheiratet; nun ist der Witwer ganz _____ .

6. Es war nicht ein _____ Wort aus ihm herauszubekommen. (= Er schwieg.)

2 anscheinend – scheinbar

> Anscheinend hatte er viel Zeit. – Die Zeit stand scheinbar still.

anscheinend wie man sieht, offensichtlich; vermutlich: *Sie sieht sehr blass aus. Anscheinend ist sie krank.*

scheinbar nur dem äußeren Eindruck nach (nicht aber in Wirklichkeit!), nur so scheinend, vermeintlich: *Die Erde dreht sich nur scheinbar um den Mond.*

„anscheinend" oder „scheinbar"?

1. Gert ist immer noch nicht gekommen; er hat _____ den Zug verpasst.

2. Der Schauspieler spielt den Betrunkenen großartig; er schwankt _____ völlig betrunken über die Bühne.

3. Die Sonne dreht sich nur _____ um die Erde.

4. Das ist nur _____ ein Widerspruch! Ich werde Ihnen beweisen, dass es gar keinen gibt.

5. Sie ist ständig müde und schlapp; _____ ist etwas nicht in Ordnung mit ihr.

6. Heinz macht ein so mürrisches Gesicht; _____ hat er sich über irgendetwas geärgert.

3 aufdringlich – eindringlich – dringend

> Der Verkäufer ist mir zu aufdringlich. – Er hat sie eindringlich gewarnt. – Die Arbeit ist dringend.

aufdringlich einen anderen (mit einem Anliegen / Wunsch) immer wieder bedrängen / belästigen; sich aufdrängen: *ein aufdringlicher Bettler – Er war so aufdringlich und stellte den Fuß zwischen die Tür. – Das ist wirklich eine aufdringliche Farbe für einen Mantel!*

eindringlich nachdrücklich, mahnend: *jdm. etwas eindringlich klar machen; jdn. eindringlich warnen vor etwas – Er versuchte mit eindringlichen Worten, ihn von seinem Plan abzubringen.*

dringend eilig, wichtig: *ein dringender Brief; ein dringendes Telefongespräch – Ich muss mit ihm sprechen, es ist dringend! – Ich brauche dringend Hilfe!*

„aufdringlich", „eindringlich" oder „dringend"? Setzen Sie das passende Wort in der richtigen Form ein.

1. Ein Anruf aus Amerika! Es ist _____ !

2. Ich habe heute Nachmittag eine _____ Besprechung.

3. Dieser _____ Bursche wollte mir unbedingt eine seiner Zeitungen verkaufen.

4. Die Verkehrspolizei warnt _____ vor der Gefahr von Glatteisbildung.

5. Mit dieser _____ Art werden Sie bei ihren Kunden keinen Erfolg haben!

6. Der Fahrlehrer ermahnt seine Fahrschüler _____ , auf dem Motorrad immer einen Sturzhelm zu tragen. (*der Helm* = schützende Kopfbedeckung)

4 bedenkenlos – gedankenlos

Diese Pilze können Sie bedenkenlos essen. – Gedankenlos überquerte er die Straße.

bedenkenlos ohne Zweifel, ohne Befürchtungen: *Diese Bergtour können Sie bedenkenlos machen. – Den Mann können Sie bedenkenlos einstellen.*

gedankenlos unachtsam, unaufmerksam; unüberlegt: *Es war gedankenlos von ihm, den Namen des Verfassers zu nennen.*

„bedenkenlos" oder „gedankenlos"?

1. Dieses Medikament können Sie _____ einnehmen, es kann keinen Schaden anrichten.

2. _____ hatte er sich beim Tanken eine Zigarette angesteckt; da gab es plötzlich eine Explosion.

3. Es war _____ von ihm, wieder von dem gefährlichen Thema anzufangen.

4. _____ überließ er die Leitung der Firma seinem Schwiegersohn, zu dem er volles Vertrauen hatte.

5. Kann man seine Kinder wirklich _____ in ein Ferienlager schicken?

5 besser – mehr

bessere Bezahlung – mehr Geld

besser = Komparativ von *gut*: *unter besseren Bedingungen, mit besseren Werkzeugen – Heilen ist gut, Vorbeugen ist besser!*

mehr (immer undekliniert) = Komparativ von *viel*: *mehr Arbeit; mehr Geld; mehr Übungen; mit mehr Geduld – Im Urlaub habe ich mehr Zeit.*

Merke: Im Zweifelsfall hilft manchmal das Einsetzen der Grundstufe (*gut/viel*): *guter Fleiß* ergibt keinen Sinn, ebenso wenig das Gegenteil *schlechter Fleiß*, wohl aber *viel* bzw. *wenig Fleiß*.

„mehr" oder „besser"? Bilden Sie – wenn nötig – die richtige Endung von „besser".

1. Die Lehrerin forderte _____ Fleiß und _____ Leistungen.

2. Du nimmst _____ eine Schere statt des Messers!

3. Auf der Reise sahen wir _____ als erwartet.

4. Es soll morgen noch _____ Regen kommen; übermorgen soll das Wetter _____
_____ werden.

5. Jens ist im Rechnen _____ als in Deutsch.

6. Er tut jetzt _____ als im vorigen Jahr.

6 breit – lang – weit

breite Schultern – lange Wartezeiten – weite Wegstrecken

breit (Gegensatz: *schmal*): *breite Schultern; ein breiter Graben – Das Zimmer ist fünf Meter lang und drei Meter breit.*

lang (Gegensatz: *kurz*): *ein langer Brief; ein zwei Meter langes Bett; eine lange* (= lang andauernde) *Rede – Der Fluss ist 225 km lang.*

weit (Gegensatz: *eng, nah*): *die weite Welt; ein weiter Weg, weit gesteckte Ziele – Die Schuhe/Hosen sind zu weit.*

„breit", „lang" oder „weit"? Bilden Sie – wenn nötig – die richtige Endung.

1. Er trägt _____ Haare.

2. Der Fluss ist zu _____ , du kannst nicht hinüberschwimmen.

3. Das Bett soll zwei Meter _____ und einen Meter _____ sein.

4. Der Weg zum Bahnhof ist ziemlich _____ ; ihr nehmt besser ein Taxi.

5. Eine Einigung in dieser Frage liegt noch in _____ Ferne.

6. Im Sommer sind die Tage _____ .

7. Ich kann nicht so _____ warten; mein Unterricht beginnt gleich.

8. Sie hat abgenommen; nun sind ihr alle Kleider zu _____ .

9. Die Wochenarbeitszeit ist zu _____ , sagen die Gewerkschaften.

10. Wenn der Stoff 1,20 Meter _____ ist, brauche ich acht Meter in der Länge.

7 da – dann – damals

Wir standen am Fenster; da blitzte es plötzlich; dann fing es an zu regnen. – Es war im Jahr 1850. Damals gab es noch keinen elektrischen Strom.

da in diesem Augenblick, plötzlich, auf einmal: *Wir saßen noch beim Essen; da klingelte es.*

dann danach, später; wenn etwas auf das vorher Erwähnte folgt: *Bis 13 Uhr dauerte der Unterricht, dann gingen alle zum Essen.*

damals zu einem länger zurückliegenden Zeitpunkt: *Man schrieb das Jahr 1630; damals zogen schwedische Truppen durch unser Land.*

„da", „dann" oder „damals"?

1. Meine Eltern zogen 1965 nach Wien; ich war _____ gerade zehn Jahre alt.

2. Ich wollte gerade zu Bett gehen, _____ begann es zu donnern und zu blitzen.

3. Wenn ihr nicht mitfahren wollt, _____ fahre ich eben allein.

4. Ich ging die dunkle Straße entlang, _____ sah ich plötzlich jemanden in ein Fenster steigen.

5. Gerhard ging mit mir in eine Klasse; schon _____ war er sehr ehrgeizig.

6. Mach erst mal deine Schulaufgaben; _____ kannst du spielen gehen.

8   danach – nachdem – nach dem

> Es gab eine Explosion; danach ging das Licht aus. – Nachdem das Licht wieder angegangen war, ... – Nach dem Essen gehen die Kinder schlafen.

danach gibt an, was nach dem zuvor Gesagten ist oder geschieht (vgl. *dann* § 9c Nr. 7): *Erst gingen wir ins Theater, danach setzten wir uns zu einem Glas Wein in ein Restaurant.*

nachdem verbindet einen Haupt- mit einem Nebensatz. Der *nachdem*-Satz enthält die zeitlich länger zurückliegende (erste) Handlung: *Nachdem die Polizei ihn verhört hatte, durfte er nach Hause gehen.* (Vgl. § 5 Nr. 14)

nach dem (Präposition + Artikel): *Nach dem Essen gehen die Kinder schlafen.*

„danach", „nachdem" oder „nach dem"?

1. _____ Blitz folgte ein furchtbarer Donnerschlag.

2. Es blitzte und donnerte und _____ goss es in Strömen. (= regnete es sehr stark)

3. _____ sich die Gewitterwolken verzogen hatten, beruhigten sich auch die Kinder.

4. _____ Frühstück fingen wir an zu packen.

5. _____ wir alles eingepackt hatten, fuhren wir los.

6. Wir besuchten zuerst unsere Freunde in Zürich, _____ ging es weiter nach Italien.

9   deshalb – dafür

> Ich will bauen; deshalb spare ich. – Er arbeitet am Sonntag; dafür hat er Montag frei.

deshalb bezieht sich auf den zuvor angeführten Grund der jetzt folgenden Aussage (vgl. § 5 Nr. 10): *Er war krank; deshalb blieb er zu Hause.*

dafür bezieht sich auf eine zuvor angeführte Sache (vgl. § 5 Nr. 6): *Die Tasche ist aus Kunstleder; dafür (nämlich, dass sie nicht aus echtem Leder ist) ist sie zu teuer.*

„deshalb" oder „dafür"?

1. Sie wollte Französisch lernen und ging _____ zur Volkshochschule.

2. Er hatte eine Brieftasche mit tausend Mark gefunden; _____ sollte er eigentlich zehn Prozent Finderlohn bekommen.

3. Das Kind hat Fieber und soll _____ im Bett bleiben.

4. Wie gefällt dir das Kleid? _____ hab' ich nicht einmal hundert Mark bezahlt!

5. Sie hatte sich geärgert auf der Party und ist _____ früher nach Hause gegangen.

6. Ich habe den Eltern das Wohnzimmer neu tapeziert; _____ habe ich fast den ganzen Tag gebraucht.

10 eisig – eisern

ein eisiges Wetter – mit eiserner Ausdauer

eisig
a) sehr kalt: *eisiges Wetter; eisiger Wind; eine eisige Nacht.*
b) abweisend, gefühllos: *eine eisige Begrüßung – Auf der Konferenz herrschte eine eisige Atmosphäre.*

eisern
a) aus Eisen: *ein eiserner Ofen; ein eisernes Geländer.*
b) hart, zäh, unnachgiebig: *mit eiserner Energie – Er blieb eisern bei seiner Meinung.*

„eisig" oder „eisern"? Achten Sie auf die richtige Endung.

1. ein _____ Morgen

2. ein _____ Haken

3. ein _____ Schweigen

4. durch seinen _____ Fleiß

5. mit _____ Disziplin

6. ein _____ Empfang

11 eng – klein – kurz – niedrig

enge Schuhe – kleine Kinder – eine kurze Antwort – niedrige Zimmerdecken

eng (Gegensatz: *weit*) schmal, wenig Raum lassend: *eine enge Straße; eng beisammenstehen – Die Jacke ist mir zu eng.*

klein (Gegensatz: *groß*) *ein kleiner Fehler; mein kleiner* (= jüngerer) *Bruder; eine kleine Schuhgröße; kleine Münzen; aus einem kleinen Land.*

kurz (Gegensatz: *lang*)
a) räumlich von geringer Ausdehnung: *ein Kleid mit kurzen Ärmeln; eine kurze Wegstrecke.*
b) zeitlich nicht lang andauernd: *eine kurze Rede; eine kurze Zeitspanne; kurze Zeit später.*

niedrig (Gegensatz: *hoch*): *ein niedriger Wasserstand, niedrige Berge / Fenster / Türen; niedrige Zinsen; eine niedrige* (= schlechte) *Gesinnung – Die Schwalben fliegen niedrig* (= nahe über dem Erdboden).

„eng", „klein", „kurz" oder „niedrig"? Bilden Sie – wenn nötig – die richtige Endung.

1. Nein, ich möchte _____ Socken, keine langen!

2. Das Bild hängt zu _____ ; man muss sich ja bücken, wenn man es betrachten will.

3. Die Gassen sind sehr _____ , sodass man mit dem Auto nicht hindurchkommt.

4. Hinter den breiten Schultern ihres Bruders kann sich die _____ Inge leicht verstecken.

5. Klein Gustav kann mit seinen _____ Beinen nicht auf den Stuhl klettern.

6. Bitte den Kopf einziehen! Die Tür ist sehr _____ !

12   erstaunlich – erstaunt

> eine erstaunliche Leistung – Alle waren erstaunt.

erstaunlich etwas, worüber man sich wundert; bewundernswert, bemerkenswert, außergewöhnlich, hervorragend: *etwas erstaunlich finden; etwas ist für jdn. erstaunlich* (z. B. eine Leistung, ein Verhalten) – *Die Fachleute fanden das Angebot auf der Messe erstaunlich. – Der Artist überraschte die Zuschauer mit erstaunlichen Leistungen.*

Merke: Nicht die Person, sondern ihre Leistung / ihr Verhalten ist erstaunlich!

erstaunt jd. ist erstaunt / wundert sich über jdn. oder etwas: *die erstaunten Zuhörer – Der Politiker war erstaunt über die Zahl der Protestbriefe.*

„erstaunlich" oder „erstaunt"?

1. Er war über die Menge der Gratulanten _____ .

2. Alle fanden die Leistung der Bergsteiger ganz _____ .

3. Die Zahl der Interessenten war _____ hoch.

4. Über die plötzliche Abreise des Künstlers waren alle sehr _____ .

5. Warum sind Sie über die Nachricht so _____ ?

6. Für mich ist die Leistung nicht so _____ .

13   etwa – etwas

> Das sind etwa elf Kilometer. – Ich möchte dir etwas sagen.

etwa ungefähr, vielleicht: *etwa sieben Millionen Einwohner – Er ist etwa dreißig Jahre alt. – Habe ich mich etwa geirrt?*

etwas

a) ein bisschen, ein wenig: *etwas mehr Fleiß* – (Im Laden:) *Darf es etwas mehr sein? – Bitte etwas lauter.*

b) irgendein Ding / -eine Sache o. Ä.: *Da stimmt etwas nicht! – Ich habe etwas gehört! – Ich habe ihm etwas geschenkt.*

„etwa" oder „etwas"?

1. Er fuhr mit _____ 60 Kilometern in der Stunde durchs Dorf.

2. Seit der Reparatur zieht der Wagen _____ besser.

3. Du hast doch vorhin gesagt, dass du kommst, oder _____ nicht?

4. Sprich bitte _____ deutlicher!

5. Hab ich _____ wieder _____ falsch gemacht?

6. Hast *du* _____ den Blumenstrauß mitgebracht?

14   folgende – kommende

Beachten Sie bitte folgende Regeln: … – Kommende Woche fahre ich in Urlaub.

folgende steht vor Personen- oder Sachangaben, die dann im Einzelnen ausgeführt werden: *Folgende Personen sind zugelassen: 1. …, 2. …, 3. … – Ich darf Sie noch an folgende Termine erinnern: …*

kommende steht vor etwas, das in der Zukunft liegt: *kommenden Montag; kommende Woche; kommende Generationen – Ein Hellseher ist jemand, der kommende Ereignisse angeblich voraussehen kann.*

„folgend-" oder „kommend-"? Achten Sie auf die richtige Endung.

1. _____ Woche fahre ich nach Salzburg.

2. Im Urlaub beachten Sie bitte _____ Ratschläge der Ärzte: 1. …, 2. …

3. Im _____ Jahr wird es wirtschaftliche Schwierigkeiten geben.

4. Für diese Mahlzeit benötigen Sie _____ Lebensmittel: …

5. Experten versuchen, _____ wirtschaftliche Entwicklungen vorauszusagen.

6. _____ Dienstag bin ich nicht zu Hause.

15   früher – vorher – neulich

Früher fuhr man mit Pferdewagen. – Wir aßen Rinderbraten; vorher gab es eine Suppe. – Ich traf neulich einen alten Bekannten.

früher vor längerer Zeit, einst, ehemals: *in früherer Zeit; frühere Generationen – Früher reisten die Menschen mit dem Pferdewagen.*

vorher vor einem anderen Geschehen: *Wir reisten nach Polen; vorher hatte ich schon die Visa besorgt. – Der Koch briet das Fleisch; vorher hatte er es in Essig gelegt.*

neulich vor kurzer Zeit (weiter als etwa drei Tage, aber nicht weiter als einen Monat zurück-liegend): *Neulich traf ich einen meiner früheren Klassenkameraden.*

„früher", „vorher" oder „neulich"?

1. _____ erst haben wir von Anne gesprochen, jetzt bekomme ich eine Anzeige: Sie hat geheiratet.

2. Als ich beim Haus meiner Freunde ankam, waren sie gerade zwei Tage _____ abge-reist.

3. _____ , als meine Großeltern noch lebten, waren wir oft bei ihnen auf dem Bauernhof.

4. Ich bin _____ immer mit dem Rad zur Arbeit gefahren.

5. Unser Nachbar ist gestern gestorben; ich hatte mich noch kurz _____ mit ihm über den Garten unterhalten.

6. Wir können uns heute kaum vorstellen, welche Entbehrungen _____ Generationen auf sich nehmen mussten. (Endung!)

7. Nächste Woche muss ich verreisen; ich rufe aber _____ noch mal an bei dir.

8. Als ich _____ im Konzert war, traf ich meinen alten Musiklehrer.

16 geistig – geistlich

geistige Getränke – geistiges Eigentum – geistliche Lieder

geistig
a) den Verstand betreffend: *geistige Arbeit; geistiges Eigentum; geistig zurückgeblieben.*
b) alkoholisch: *geistige Getränke* (= alkoholische Getränke).

geistlich die Religion / die Kirche betreffend: *geistliche Musik; geistliche Orden; geistliche Fürsten* (= Äbte, Bischöfe).

„geistig" oder „geistlich"? Bilden Sie die richtige Endung.

1. Jugendliche sangen _____ Lieder auf dem Kirchentag.

2. Er war so müde, dass er zu keiner _____ Anstrengung mehr fähig war.

3. Ein Roman ist in der Regel das _____ Eigentum eines Schriftstellers.

4. _____ Getränke dürfen nicht an Kinder ausgegeben werden.

5. Der alte Mann ist nicht mehr im vollen Besitz seiner _____ Kräfte.

6. Passionsspiele (= Schauspiele, die sich mit dem Leiden und Sterben Jesu Christi beschäftigen)

   sind _____ Spiele.

17 gering – schlecht – wenig

geringer Lohn – schlechte Bezahlung – wenig Geld

gering klein (Menge); niedrig (Preis); nicht sehr gut (Qualität): *eine geringe Zahl von Menschen; ein Halsband von geringem Wert; ein Erdbeben von geringer Stärke – Die Sportler hatten geringe Erfolge.* – Gegensatz (je nach Beziehungswort): *groß* oder *hoch*.

schlecht drückt etwas Negatives aus: *Das Geschäftsjahr / die Ernte / das Wetter / das Fleisch war schlecht. – ein schlechter* (= böser) *Mensch.* Gegensatz: *gut*.

wenig (steht im Sing. meist undekliniert beim Substantiv, im Pl. meist dekliniert) (vgl. § 2 Nr. 5 u. § 9c Nr. 22) kleine Zahl / Menge, etwas, ein bisschen: *wenige Zuschauer; wenige Tage; wenig Geld; wenig Wald; wenig Hoffnung – Er versteht nur wenig Englisch.* Gegensatz: *viel*.

„gering", „schlecht" oder „wenig"? Denken Sie an die richtige Endung.

1. Der Betrieb läuft _____ ; es gibt _____ Arbeit.

2. Die Gefahr, dass etwas passiert, ist _____ .

3. Ich habe leider _____ Zeit.

4. Das Wetter ist seit Tagen _____ .

5. Die Hoffnung auf einen wirtschaftlichen Aufschwung ist _____ .

6. Die dreißiger Jahre, das waren wirtschaftlich _____ Zeiten.

7. Die _____ Zuschauer, die gekommen waren, verließen während der Vorstellung den Saal.

8. Die Ware war von _____ Qualität, aber nicht wirklich schlecht.

9. Die Niederschlagsmenge (= Regen, Schnee) im letzten Winter war _____ .

18 gewöhnlich – gewohnt

Gewöhnlich kommt die Post gegen acht. – Er ist (es) gewohnt, mittags zu schlafen.

gewöhnlich
a) alltäglich, üblich, im Allgemeinen, meist: *Er geht gewöhnlich um sieben zur Arbeit. – Er kommt gewöhnlich zu spät.*
b) ordinär, von niedrigem Niveau: *gewöhnliche Redensarten – Das ist ein gewöhnlicher Bursche!*

gewohnt bekannt, schon länger so ausgeübt oder vorhanden, zur Gewohnheit geworden: *die gewohnte Tätigkeit; der gewohnte Weg; zur gewohnten Stunde – Das sind seine gewohnten Späße.*

„gewöhnlich" oder „gewohnt"? Denken Sie an die richtige Endung.

1. Er arbeitet _____ bis fünf Uhr.

2. Der Briefträger ging seinen _____ Weg.

3. Er war es _____ , nach dem Essen eine Zigarette zu rauchen.

4. Trotz seiner geachteten Stellung als Dirigent eines großen Orchesters konnte er manchmal ziemlich _____ werden.

5. _____ ruft Sebastian am Wochenende an und fragt, wie es uns geht.

6. Wegen der vielen Besucher habe ich heute nicht in der _____ Weise arbeiten können.

19 her – hin

> Komm her! – Ich gehe hin und hole die Eintrittskarten.

her- z. B. *herlaufen, -kommen, -fahren* usw.; *herunter-, herauflaufen* → zum Sprecher hin gerichtet: (Der Mann ruft den Hund zu sich. Er sagt:) *Komm her!*

hin- z. B. *hinfahren, -sehen, -schwimmen* usw.; *hinunter-, hinaufrennen* → vom Sprecher weg: (Der Vater sagt zu seinem Sohn:) *Geh bitte hinunter und hol die Zeitung.*

„her-" oder „hin-"?

1. Peter steht auf dem Balkon und ruft: „Komm bitte _____auf!"

2. Doris steht unten und ruft: Nein, komm du doch _____unter!"

3. Schließlich läuft Peter zu Doris _____unter.

4. Die Wanderer standen auf dem Berg und schauten ins Tal _____unter.

5. Komm doch _____auf zu mir! Hier oben scheint die Sonne!

6. Geh bitte _____unter und hol Kartoffeln aus dem Keller!

20 hoch – teuer – warm

> ein hoher Preis – teure Ware – warmes Wetter – hohe Temperaturen

hoch
a) (Gegensatz: *niedrig*): *Die Temperatur ist hoch.* (Nicht: *warm*) – *Der Preis ist hoch.* (Nicht: *teuer*) – *hohe Berge / Bäume / Häuser; eine hohe Zahl; hoch verschuldet.*
b) (Gegensatz: *tief*): *hohe Töne; eine hohe Stimme.*

Merke: Wenn das Adjektiv *hoch* eine Endung hat, entfällt das *c*: Der Berg ist *hoch.* Aber: der *hohe* Berg, *hohe* Türme.

teuer
a) (Gegensatz: *billig*): *Die Ware ist teuer.* (Nicht: *der Preis*) – *eine teure Reise; ein teures Hotel.*
b) (fig.) lieb, wert: *teure Heimat; mein teures Herz.*

Merke: Erhält das Adjektiv *teuer* eine Endung, dann entfällt das zweite *e*: Das Obst ist *teuer*. Aber: *teures Obst*.

warm (Gegensatz: *kalt*): *Das Wetter / Das Klima / Das Zimmer ist warm.* (Nicht: *die Temperatur*)

„hoch", „teuer" oder „warm"? Denken Sie an die richtige Endung.

1. Die Temperatur im August ist ziemlich _____ .

2. In diesem Laden sind die Preise aber _____ !

3. Die ausländischen Waren sind _____ .

4. Wir haben zur Zeit ziemlich _____ Wetter.

5. Das ist aber ein _____ Laden!

6. Bei dem Geschäft hatte er _____ Verluste.

21   jeder – alle

> Jeder Schüler bekommt ein Zeugnis. – Alle Schüler bekommen heute Ferien.

Achtung: *jeder Verein* (kein Plural. Nicht: *jede Vereine*)

jeder, jede, jedes verlangt den Singular: *jede Arbeiterin; zwei Schüler jeder Gruppe; mit jedem Menschen.*

all- ist (sinngemäß) der zusammenfassende Plural von *jeder*: *jeder Angestellte → alle Angestellten. All-* wird dekliniert wie der bestimmte Artikel: *die Löhne aller Angestellten – von allen Angestellten – für alle Angestellten.*

Besonderheiten:
a) Zwischen *all-* und dem Nomen kann ein bestimmter Artikel, ein Demonstrativ- oder Possessivpronomen stehen: *alle die Freunde, alle diese Bücher, alle ihre Schmucksachen.* In diesem Fall kann *all-* auch ohne Endung eingesetzt werden: *all die Freunde; all diese Bücher* usw.
b) *all- (all)* kann auch beim Nomen im Singular stehen, wenn dieses eine unbestimmte Menge, einen Stoff oder ein Abstraktum bezeichnet: *Alles Geld war verloren! – Alle Hoffnung war dahin. – Sie nahm all(e) ihre Kraft zusammen.*

Ergänzen Sie „jeder", „jede", „jedes" oder „all-" in der richtigen Form.

1. Zu dem Fest kamen Menschen _____ Alters. (G)

2. Schüler _____ Altersgruppen (G) können an dem Wettbewerb teilnehmen.

3. _____ Tagungsteilnehmer erhielt eine Anstecknadel mit seinem Namen.

4. Der Sieger im Fünfkampf wurde von _____ Sportlern beglückwünscht.

5. _____ Teilnehmer erhielten kostenlos ein Mittagessen.

6. Nicht _____ war mit seinen Leistungen zufrieden.

22   kurz – wenig

nach kurzer Zeit – wenig Zeit – nach wenigen Versuchen

kurz

a) auf die Zeit bezogen → von geringer Dauer: *nach kurzer Zeit; nach kurzem Zögern – Das Leben ist kurz. – Das war ein kurzes Vergnügen.*

b) auf den Raum, die Ausdehnung bezogen (Gegensatz: *lang*) → von geringer Länge: *eine kurze Strecke; ein kurzer Bericht – Das Bett ist zu kurz. – Kurze Haare stehen dir gut.*

wenig (vgl. § 2 Nr. 5 und § 9c Nr. 17)

a) (im Singular meist undekliniert) gering: *wenig Freude / Erfolg / Hoffnung; mit wenig Geld.* Besonderheit: *wenige Zeit später.*

b) (im Plural meist dekliniert) nicht viel: *wenige Freunde; nach wenigen Minuten / Tagen / Wochen; wenige Male; in wenigen Fällen.*

„kurz" oder „wenig"? Denken Sie an die Endungen.

1. nach _____ Zeit

2. nach _____ Minuten

3. nach _____ Tagen

4. nach _____ Überlegen

5. _____ Zeit später

6. Es gibt _____ Hoffnung.

7. eine _____ Pause

8. eine _____ Antwort

9. mit _____ Worten

10. in _____ Jahren

11. nach _____ Staunen

12. Der Künstler hatte _____ Erfolg.

23   so lange – so sehr – so viel (solange – sosehr – soviel)

Die Pause dauerte so lange, dass … – Er sehnte sich so sehr nach ihr. – Sie verdient so viel, dass …

so lang(e)

a) (die Zeit betreffend): *Warum hast du mich so lange warten lassen?*

b) (den Raum betreffend): *Die Baumstämme waren so lang, dass man zum Transport ein Spezialfahrzeug brauchte.*

Besonderheit:

a) Die Form des Adjektivs ist *lang*: *Das Seil ist lang. – Die Tage waren lang.*

b) Die Form des Adverbs ist *lange*: *Die Pause dauerte lange. – Wir mussten lange auf den Zug warten.* (Für *lange* wird in der Alltagssprache häufig *lang* gebraucht.)

so sehr (die Intensität betreffend): *Sie hoffte so sehr, ihn bald wiedersehen zu können. – Er lachte so sehr, dass …*

so viel (die Menge betreffend): *Trink nur so viel, wie du vertragen kannst! – Gib nicht so viel Geld aus!*

Zur Rechtschreibung:

Man schreibt *solange, sosehr* und *soviel* zusammen, wenn es sich um Konjunktionen handelt:

Solange ich in Amerika war, lebte meine Familie bei meinen Eltern. – Ich konnte nicht früher zurückkommen, sosehr ich das auch gewünscht hätte. – Soviel ich weiß, endet die Ausbildung in einem Monat.

„so lange", „so sehr" oder „so viel"?

1. Ich bin _____ erkältet, dass ich nicht kommen kann.

2. Er hatte _____ verdient, dass er sich in kurzer Zeit ein Haus bauen konnte.

3. Die Kleine hat _____ geweint, dass die Mutter sie zu sich ins Bett geholt hat.

4. Ich hab _____ gewartet, bis ihr kamt.

5. Herr Maier hat Vermögen; daher ist er auf die Rente nicht _____ angewiesen.

6. Endlich kommst du! Wo warst du denn _____ ?

Zusammen- oder Getrenntschreibung?
„so lange" oder „solange"?

7. _____ ich krank war, hat sie mich gepflegt.

8. Sie warteten _____ , bis es dunkel war.

„so viel" oder „soviel"?

9. Er hat _____ Geld, dass er es gar nicht ausgeben kann.

10. _____ ich weiß, sind die Krumbichels nach Stuttgart gezogen.

„so sehr" oder „sosehr"?

11. Sie hat die Stellung als Sekretärin nicht bekommen, _____ sie sich auch darum bemüht hatte.

12. Das Kind weinte _____ , dass die Nachbarn zusammenliefen.

24 langweilig – gelangweilt

> Der Vortrag war sehr langweilig. – Wir haben uns entsetzlich gelangweilt.

langweilig ist jemand, von dem Langeweile ausgeht: *ein langweiliger Kerl.* Oder etwas, wovon Langeweile ausgeht: *eine langweilige Arbeit; eine langweilige Sendung im Fernsehen – Ich finde diese Fernsehserie furchtbar langweilig.*

gelangweilt (Part. Perf. von *sich langweilen*) bezieht sich immer auf Personen; sie empfinden Langeweile: *Heinz sitzt gelangweilt vor dem Fernseher. – Die Kellner standen in dem leeren Restaurant gelangweilt herum.*

"langweilig" oder "gelangweilt"? Achten Sie auf die Endungen.

1. Die Studenten fanden die Vorlesung ziemlich _____ .

2. Sie hörten der Vorlesung ziemlich _____ zu.

3. Wie ich ihn kenne, ist ihm das Spiel zu _____ .

4. Ist das ein _____ Kerl! Sitzt den ganzen Abend da und sagt keinen Ton.

5. Die Gäste haben dem Vortrag _____ zugehört.

6. Er hat spannende, aber auch sehr _____ Romane geschrieben.

25   miteinander – aufeinander – voneinander – übereinander usw.

> Sie spielten miteinander. – Sie waren böse aufeinander. – Sie fielen übereinander.

Man muss wissen, welche Präposition das Adjektiv, Adverb oder Verb verlangt, z. B.:

wütend sein *auf* → *aufeinander*	sich gewöhnen *an* → *aneinander*
bekannt sein *mit* → *miteinander*	sprechen *mit* → *miteinander*
verliebt sein *in* → *ineinander*	sich verlassen *auf* → *aufeinander*
sich streiten *mit* → *miteinander*	sein *bei* → *beieinander*
träumen *von* → *voneinander*	

"an-", "auf-", "bei-", "in-", "mit-" oder "von-"? Setzen Sie die passende Vorsilbe ein.

1. Heinz und Gitte waren _____einander bekannt.

2. Manchmal waren sie wütend _____einander.

3. Dann sprachen sie nicht _____einander.

4. Aber sie wussten, dass sie sich _____einander verlassen konnten.

5. Sie stritten oft _____einander.

6. Aber waren sie nicht _____einander (= zusammen), dann träumten sie _____einander.

26   nahe gelegen – nahe liegend

> das nahe gelegene Dorf – ein nahe liegender Grund

nahe gelegen nicht weit entfernt liegend: *das nahe gelegene Schwimmbad; im nahe gelegenen Wald.*

nahe liegend gedanklich leicht einzusehen; verständlich: *ein nahe liegender Gedanke / Verdacht / Versuch – Dass er sich beschwert hat, war eigentlich nahe liegend.*

"nahe gelegen" oder "nahe liegend"? Denken Sie an die Endungen.

1. Die Kinder spielten auf dem _____ Sportplatz.

2. Bei seinem Vermögen war es _____ , dass er sich nicht um eine Anstellung bemühte.

3. Es gab _____ Gründe, warum er aus der Wohnung ausgezogen ist.

4. Es war ein _____ Verdacht der Polizei, den Einbrecher, der in die Apotheke eingebrochen war, in der Drogenszene zu vermuten.

5. Die Jungen radelten zum _____ Campingplatz.

6. Die Busstation ist _____ und leicht zu Fuß zu erreichen.

27 schade – schädlich

> Schade, dass wir nichts verstanden haben! – schädliche Insekten

schade (immer undekliniert)
a) bedauerlich: *O, wie schade! – Schade, dass es regnet!*
b) *zu schade* = zu gut, zu wertvoll: *Das Reitpferd ist zu schade für die Feldarbeit. – Diese Schuhe sind mir zu schade für solches Regenwetter.*

schädlich Schaden bringend; ungünstig: *schädliche Insekten / Stoffe / Gase – Das Gift ist schädlich für die Nerven.*

„schade" oder „schädlich"?

1. Es ist _____ , dass du nicht kommen kannst.

2. Rauchen ist _____ für Lunge und Herz.

3. Dieser Anzug ist mir für die Schmutzarbeit zu _____ .

4. Der saure Regen ist für die Bäume _____ .

5. _____ , dass wir keine Theaterkarten mehr bekommen haben!

6. Die dauernde Höchstleistung des Sportlers hatte _____ Folgen. (Endung!)

28 schnell – hoch – viel

> ein schnelles Auto – eine hohe Geschwindigkeit – Es kostet viel.

schnell (Gegensatz: *langsam*): *Die Antwort kam schnell. – Er fährt ein schnelles Motorrad.*

hoch (vgl. § 9c Nr. 20)
a) (Gegensatz: *niedrig*): *mit hoher Geschwindigkeit* (Nicht: *mit schneller Geschwindigkeit*) – *die hohe Zahl der Arbeitslosen.*
b) (Gegensatz: *gering*): *hohe Verluste an Geld / an Menschenleben; hohe Ansprüche / Kosten / Anforderungen.*

viel (vgl. § 2 Nr. 5) (Gegensatz: *wenig*): *die vielen Arbeitslosen; viel Geld – das viele Geld.*

§ 9c   117

„schnell", „hoch" oder „viel"? Denken Sie an die Endungen.

1. Mit diesem Sportwagen kann man sehr _____ fahren.

2. Er erreicht eine _____ Geschwindigkeit.

3. Die Zahl der Bewerber ist _____ .

4. Es gab _____ Bewerber.

5. In den letzten Monaten ist der Junge zu _____ gewachsen.

6. Die Anforderungen für das Sportabzeichen waren nicht sehr _____ .

7. 5000,– Mark? Das ist zu _____ ! Die Summe ist zu _____ .

29 sehr – viel

Es eilt sehr. – Sie hat nicht viel Zeit.

sehr (immer undekliniert)
a) vor Adjektiven zur Steigerung: *sehr kalt, sehr laut, sehr interessant.*
b) allein stehend, wobei ein entsprechendes Adjektiv hinzugedacht werden kann: *Er liebte sie sehr* (sehr stark). – *Sie weinte sehr* (sehr heftig).

viel (vgl. § 2 Nr. 5) (im Singular ohne Artikel meist undekliniert): *mit viel Geld; ohne viel Freude; viel Streit.* – (Mit Artikel immer dekliniert): *mit dem vielen Geld, ohne den vielen Streit.* – (Im Plural meist dekliniert): *viele Leute; aus vielen Gründen; mit vielen Ausreden.*

„sehr" oder „viel"? Denken Sie an die Endungen.

1. Er hat _____ Geld.

2. Er ist _____ reich.

3. Er hat _____ Zeit.

4. Er kauft _____ unnötige Sachen.

5. Sie ist _____ groß.

6. Sie hat _____ Vermögen.

7. Er hat _____ Glück gehabt.

8. Dieses Tier ist _____ nützlich.

30 selbstständig – selbstverständlich

Er löst das Problem selbstständig. – Selbstverständlich werde ich dich informieren.

selbstständig unabhängig, keine Hilfe benötigend, freiberuflich (= nicht angestellt): *selbstständige Berufe; mit selbstständigen Gedanken – Er machte sich selbstständig. – Die Sekretärin ist noch jung, aber sehr selbstständig.*

selbstverständlich natürlich, klar; etwas, was sich von selbst versteht: *mit selbstverständlicher Herzlichkeit – Ich helfe dir selbstverständlich gern.*

„selbstständig" oder „selbstverständlich"? Denken Sie an die Endungen.

1. Schreiner Körner kündigte, kaufte eine Werkstatt und machte sich _____ _____ .

2. Das Geld bekommst du _____ innerhalb eines Monats zurück.

3. Sie ist erst elf Jahre, aber schon recht _____ .

4. _____ habe ich meine Schwester jeden Tag im Krankenhaus besucht.

5. Er ist seit vielen Jahren _____ Kaufmann.

6. Eine _____ Voraussetzung für diese Stellung ist _____ _____ Arbeiten.

31   überraschend – überrascht

Der Rücktritt des Politikers kam überraschend. – Alle waren überrascht über die Nachricht.

überraschend (bezieht sich auf eine Sache, auf ein Ereignis, einen Vorgang) unerwartet, plötzlich: *ein überraschender Besuch; eine überraschende Neuigkeit / Idee / Nachricht – Der Überfall kam ganz überraschend.*

überrascht (bezieht sich auf Personen) überrascht sein über (+ A); *überrascht werden von (+ D) – die überraschten Nachbarn. – Ich bin über deinen Entschluss überrascht. – Die Wanderer wurden von einem Schneesturm überrascht.*

„überraschend" oder „überrascht"? Denken Sie an die Endungen.

1. Ganz _____ fasste er den Entschluss, nach Amerika zu gehen.

2. Von seinem Entschluss war ich ganz _____ .

3. Bei meinen Nachforschungen über meine Vorfahren zeigten sich _____ Ergebnisse.

4. Die _____ Forscher behielten ihre Erkenntnisse zunächst für sich.

5. Die Nachricht von deiner Verlobung kam für uns ganz _____ .

6. Ich bin _____ über deine Kenntnisse in Philosophie.

Test 18

Ergänzen Sie, wo es notwendig ist, die Endungen.

zu 1: *„allein" oder „einzig"?* a) Horst will die Bergtour _____ machen. b) Der Chef _____ ist zeichnungsberechtigt (= hat das Recht, Firmenbriefe zu unter-schreiben). c) Der Bauer hat nur eine _____ Kuh, aber zwanzig Schafe.

zu 2: *„anscheinend" oder „scheinbar"?* a) Er hat Fieber und ist _____ krank. b) Die Zeit stand _____ still.

zu 3: *„aufdringlich", „eindringlich" oder „dringend"?* a) Wir haben ihn _____ davor gewarnt, in das gefährliche Gebiet zu reisen. b) Ich gehe nicht gern in dieses Geschäft; der Inhaber ist so _____ . c) Ich brauche _____ deine Hilfe!

zu 4: *„bedenkenlos" oder „gedankenlos"?* a) Er stürzte sich _____ in das gefährliche Abenteuer. b) Völlig _____ nahm er den Brief aus seiner Brief-tasche und warf dann die Brieftasche in den Briefkasten.

zu 5: *„besser" oder „mehr"?* a) Der Junge hat jetzt _____ Interesse an Büchern als früher. b) Er entwickelt auch _____ Fleiß. c) Seine Noten in Deutsch sind jetzt _____ .

zu 6: *„breit", „lang" oder „weit"?* a) Personenwagen sind meist unter zwei Meter _____ , Lastwagen meist über zwei Meter. b) Ihr wart aber _____ in Urlaub! – Ja, fünf Wochen. c) Die Hose ist mir zu _____ , da passe ich ja fast zweimal rein!

zu 7: *„da", „dann" oder „damals"?* a) Im Mittelalter gab es keinen Buchdruck; _____ _____ wurden die Bücher mit der Hand geschrieben. b) Wir gehen erst ins Kino, _____ _____ gehen wir essen. c) Es war ganz still in dem Wald; _____ sprang plötz-lich ein Reh vor uns davon.

zu 8: *„danach", „nachdem" oder „nach dem"?* a) _____ Essen mussten die Kinder zu Bett gehen. b) Zuerst gab es eine Gemüsesuppe, _____ einen Rin-derbraten. c) _____ wir gegessen hatten, gingen wir spazieren.

zu 9: *„deshalb" oder „dafür"?* a) Hier hast du zehn Mark; kauf dir einen Ball _____ ! b) Ich habe eine viel preiswertere Wohnung gefunden; _____ habe ich hier gekündigt.

zu 10: *„eisig" oder „eisern"?* a) Das war eine _____ Atmosphäre heue im Büro! b) Wir müssen _____ weitermachen, wenn wir bis Freitag fertig werden wollen.

zu 11: *„eng", „klein", „kurz" oder „niedrig"?* a) Der Bindfaden reicht nicht für das Paket, er ist zu _____ . b) Der Wanderweg geht durch ein langes, _____ Tal. c) Die Türen der mittelalterlichen Häuser waren sehr _____ , denn die Leute damals waren sehr _____ . d) Krause hat seine Tante aus _____ Beweggründen ermordet.

zu 12: *„erstaunlich" oder „erstaunt"?* a) Ich bin _____ , wie schnell du dich von deiner Krankheit erholt hast! b) Ich finde es ganz _____ , wie schnell sich Heinz hochgearbeitet hat! c) Es ist _____ , wie schnell die Kellner servieren!

zu 13: *„etwa" oder „etwas"?* a) Ich habe noch _____ Schokolade; willst du sie haben? b) Habe ich _____ wieder _____ vergessen?

zu 14: *„folgende" oder „kommende"?* a) 1990 arbeitete ich in England, die beiden _____ _____ Jahre war ich in Mexiko. b) Am _____ Freitag treffen wir uns im Sportstadion.

zu 15: *„früher", „vorher" oder „neulich"?* a) Er hat sich von der Brücke gestürzt; _____ _____ hatte er seinen Eltern einen Abschiedsbrief geschrieben. b) Was meinst du, wen ich _____ getroffen habe? Unseren _____ Nachbarn Grundmaier. c) _____ hat er immer den Haushalt gemacht, jetzt muss ich alles selber machen.

zu 16: *„geistig" oder „geistlich"?* a) Sie treffen sich in der Kirche und singen _____ _____ Lieder. b) Fürstäbte (bis etwa 1800) waren weltliche und _____ Herrscher über ein Gebiet. c) Er ist mit 90 Jahren noch im vollen Besitz seiner _____ _____ Kräfte.

zu 17: *„gering", „schlecht" oder „wenig"?* a) Wirf die Wurst weg! Sie ist _____ geworden. b) Ich versuche noch immer eine Stelle zu finden, aber die Aussicht ist _____ _____ . c) Ich habe leider eine _____ Nachricht für euch. d) Du hast zu _____ Selbstvertrauen!

zu 18: *„gewöhnlich" oder „gewohnt"?* a) Ich kann ihn nicht leiden; er ist so _____ _____ . b) Ich gehe _____ um 8 Uhr ins Büro. c) Wir sind es _____ _____ , dass Vater erst spät von der Arbeit nach Hause kommt.

zu 19: *„her-" oder „hin-"?* a) Ich stand am Fluss und schaute _____über. b) Kommen Sie doch an unseren Tisch _____über!

zu 20: *„hoch", „teuer" oder „warm"?* a) So _____ wie dieses Jahr war der Benzin-preis schon lange nicht mehr! b) Muss das Benzin denn so _____ sein? c) Wie wird das Wetter morgen? – Es soll sehr _____ werden. d) Wegen der _____ Temperaturen fahren wir im Sommer nicht in den Süden.

zu 21: *„jed-" oder „all-"?* a) Hier finden Sie Kleider für _____ Geschmack. b) _____ Kinder bekamen ein Geschenk. c) Der Zahnarzt untersuchte sorgfältig die Zähne eines _____ Kindes.

zu 22: *„kurz" oder „wenig"?* a) Kann ich Sie mal _____ sprechen? – Ja, aber ich habe nur _____ Zeit! b) Nach _____ Pause fuhr der Zug weiter. c) _____ Zeit später hielt der Zug schon wieder.

zu 23: *„so lange", „so sehr" oder „so viel"?* a) Sie brauchte _____ mit dem Packen, dass wir schließlich den Zug verpassten. b) Er hatte _____ Geld ausge-geben, dass er sich von mir etwas leihen musste. c) Sie hatte sich _____ er-schrocken, dass sie am ganzen Leib zitterte.

zu 24: *„langweilig" oder „gelangweilt"?* a) Ich finde diese Fernsehserie schrecklich _____ _____ . b) Er hat sich auf der Party schrecklich _____ .

zu 25: *„miteinander", „aufeinander", „voneinander" oder „übereinander"?* a) Sie waren geschäftlich _____ abhängig. b) Da sie dasselbe Mädchen liebten, waren die beiden Jungen _____ eifersüchtig. c) Die Studenten schlossen sich zu einer Arbeitsgemeinschaft zusammen; denn _____ konnten sie sich besser auf die Prüfung vorbereiten. d) Die Eltern schafften Platz im Kinderzimmer, indem sie die Betten _____ stellten.

zu 26: *„nahe gelegen" oder „nahe liegend"?* a) Die Landbevölkerung fährt wöchentlich ein- oder zweimal in die _____ Stadt. b) Dass er mit seiner Beinverletzung lieber zu Hause blieb, war _____ . c) Da er nur Schulden hat, ist es

_____ , dass die Bank ihm keinen Kredit gewährt. d) Ich kaufe meist in

diesem Geschäft ein; denn es ist _____ und nicht teuer.

zu 27: *„schade" oder „schädlich"?* a) Das Tier ist gar nicht so _____ , wie viele

denken. b) Dass du nicht mitkommst, ist _____ !

zu 28: *„schnell", „hoch (hoh-)" oder „viel"?* a) Die _____ Seiten zu schreiben ist

_____ Arbeit! b) _____ Abiturienten wollen studieren. c) Eine _____

_____ Zahl von Abiturienten erhält keinen Studienplatz. d) Du hast _____

reagiert, sonst hätte es einen Unfall gegeben.

zu 29: *„sehr" oder „viel"?* a) Er hat nicht _____ Geld. b) Über Schiller weiß er _____

wenig. c) Die Kinder hatten an dem Spiel _____ Freude. d) Du hast ihnen damit eine

_____ große Freude gemacht!

zu 30: *„selbstständig" oder „selbstverständlich"?* a) Wir werden euch _____

_____ informieren, wann wir fahren. b) Das Mädchen hat die schwierige Aufgabe ganz

_____ gelöst. c) Sie findet es _____ ,

dass man so eine Aufgabe _____ lösen kann.

zu 31: *„überraschend" oder „überrascht"?* a) Gestern kam meine Schwester mit ihrer Fami-

lie _____ zu Besuch. b) Wir waren _____ , wie groß

ihre Kinder geworden waren.

§ 10 Typische Fehler in der Rechtschreibung und Zeichensetzung

Mit * sind die Stellen gekennzeichnet, bei denen sich mit der seit August 1998 gültigen Rechtschreibreform Änderungen ergeben haben.

1 Groß- und Kleinschreibung – Substantivisch gebrauchte Wörter

das bekannte Ziel – das allen schon Bekannte

Groß, d. h. mit großem Anfangsbuchstaben, schreibt man nicht nur das erste Wort eines Satzes und alle Substantive, sondern auch Wörter anderer Wortarten, wenn sie wie ein Substantiv gebraucht werden: *das Gute im Menschen; das eigene Ich; das Lesen und Schreiben; wegen zu schnellen Fahrens; das A und O – Der Klügere gibt nach. – Dein ewiges Nein! – ein klares Ja.* Aber: *Die Familie hatte vier Kinder. Das älteste, ein Junge, heiratete nach Amerika. – der lauteste der Schüler* … Hier wird das Adjektiv trotz des vorangehenden Artikels kleingeschrieben, weil es sich auf ein vorangegangenes oder nachgestelltes Substantiv (Kinder/Schüler) bezieht. Das Substantiv muss dabei nicht im gleichen Satz stehen. (Vgl. das erste Beispiel!)

Werden die Wörter mit Großbuchstaben groß- oder kleingeschrieben?

I

1 Ein Lastwagen war nachts auf der VEREISTEN Brücke ins RUTSCHEN gekommen.
2 Der ERSCHROCKENE Fahrer versuchte sein MÖGLICHSTES, den Wagen auf der
3 GLATTEN Straße zu halten. Aber alles STEUERN und BREMSEN nützte nichts. Der
4 Wagen durchschlug das EISERNE Brückengeländer[1] und stürzte zehn Meter TIEF auf
5 eine Wiese. Der in dem Wagen EINGESCHLOSSENE war schwer verletzt. Er versuchte,
6 durch RUFEN auf sich aufmerksam zu machen. Von den Hilferufen aufgeweckt, kam ein
7 JUNGER Mann aus einem NAHEN Haus gerannt und versuchte, den VERLETZTEN
8 zu befreien. Als der HILFSBEREITE JUNGE Mann merkte, dass all sein BEMÜHEN
9 keinen Erfolg hatte, eilte er zum Telefon und rief die Feuerwehr zu HILFE.

10 [1]*das Geländer*, –: ähnlich einem Zaun; zum Schutz vor dem ABSTÜRZEN am Rand von
11 Brücken, Treppen o. Ä. angebracht.

II 1. Die KLEINEN Kinder gehen in den Kindergarten, die GROSSEN in die Schule. 2. Die ALTEN saßen am Tisch und unterhielten sich, die JUNGEN spielten lieber Fußball. 3. Von hier gibt es nichts NEUES zu berichten. 4. Er konnte nicht VIEL ERFREULICHES von seiner Reise berichten. 5. In den Ortschaften ist SCHNELLES FAHREN nicht erlaubt. 6. Sein Hobby ist das MUSIZIEREN. 7. Wer ist die KLEINE? Kennst du diese BLONDE Frau? 8. Nach langem HIN und HER hat die Stadt GRÜNES Licht für den Bau des Schwimmbads gegeben.

2 Groß- und Kleinschreibung – Weitere Hinweise

a) | alles Gute – nichts Neues – etwas Unbekanntes |

Adjektive schreibt man groß, wenn sie mit *allerlei, alles, etwas, genug, manches, viel, wenig* u. ä. Wörtern in Verbindung stehen: *allerlei Neues, alles Gute, etwas Merkwürdiges, nichts Interessantes, wenig Angenehmes*
Aber: *etwas seltsame Ansichten, wenig angenehme Mitteilungen, etwas anderes, nichts anderes, kein anderer*

Werden die Wörter mit Großbuchstaben groß- oder kleingeschrieben?
1. Er konnte von seiner Reise viel INTERESSANTES erzählen. 2. Viele INTERESSANTE Einzelheiten habe ich inzwischen vergessen. 3. Von hier gibt es nichts NEUES zu berichten. 4. Das ist alles NEU für mich. 5. Ich wünsche dir alles GUTE! 6. Über diese Sache wurde viel UNSINNIGES Zeug geschrieben. 7. Er hat wenig ERFREULICHE Nachrichten mitgebracht. 8. Etwas LANGWEILIGERES kann ich mir nicht denken. 9. Der Vorschlag hat manches GUTE für sich. 10. An dieser Lösung ist manches FALSCH.

b) | Das Schönste kommt noch! – Das Beste ist, du schweigst. – im Allgemeinen – im Übrigen – Sie begrüßten den Gast aufs Höflichste/aufs höflichste. |

Substantivierte Adjektive und Adverbien werden großgeschrieben*: *Es ist das Klügste, wenn du nachgibst. – Es ist das Beste jetzt aufzuhören. – Der Nächste bitte! – Das ist der Letzte heute. – Im Übrigen ist das egal! – Im Allgemeinen grüßt man sich hier.*
Aber: *Sie war die letzte Besucherin. – die übrigen Probleme*

Merke: Superlative nach „aufs" (Frage „wie?") kann man groß- oder kleinschreiben*: *Alle waren aufs Höchste / aufs höchste überrascht. Sie beschränkten sich aufs Nötigste / aufs nötigste.*

c) | Er ist beim Reparieren des Radios. – Ich gehe zum Schwimmen. |

Substantive erkennt man bekanntlich daran, dass sie sich mit einem Artikel verbinden lassen. (Vgl. § 10 Nr. 1) Beachten Sie, dass in Wörtern wie *am = an dem, im = in dem, fürs = für das* usw. der Artikel mit der Präposition verbunden ist. Nachfolgende Verben werden daher in der Regel großgeschrieben: *Er ist beim Skilaufen. – Er kam ins Stottern. – Fürs Tapezieren verlangt er 200 Mark. – Er forderte ihn zum Gehen auf.*

d) | Alle kamen: Groß und Klein, Arm und Reich, Jung und Alt. |

Nicht deklinierte Adjektive in Paarformeln wie oben werden großgeschrieben.*

e) | gestern Morgen – übermorgen Abend – morgen Nachmittag |

Die Tageszeiten nach den Adverbien „vorgestern", „gestern", „morgen" usw. werden großgeschrieben*: *vorgestern Nachmittag, morgen Mittag, übermorgen Abend, gestern Nacht, heute Morgen* (aber: *morgen früh*).

Merke: Wochentage in Verbindung mit Tageszeiten werden zusammengeschrieben:* *an einem Dienstagabend, Samstagmorgen, Freitagnacht.* Aber: *dienstags, mittwochs (= jeden Mittwoch), abends, morgens* usw. also auch: *dienstagabends (= jeden Dienstagabend), freitagmorgens – Wir treffen uns immer sonntagvormittags um 11 Uhr.*

f) | Rad fahren – Maschine schreiben – Schuld geben |

Beachten Sie die Großschreibung bei Ausdrücken wie *Rad fahren**, *Auto fahren, Ski (Schlitt-schuh) fahren, Maschine schreiben, (jdm. die) Schuld geben, Schuld haben, Angst haben – Es ist seine Schuld!* Aber: *Er ist schuld daran!* (Vgl. § 9a, Nr. 19)

g) | Wie geht es Ihnen – Seien Sie herzlich gegrüßt! – Wie geht es dir? – Ich grüße dich vielmals! |

Anredepronomen der Sie-Form werden immer großgeschrieben: *Wie Sie wollen! – Der Ver-mieter Ihrer Wohnung … – Ich teile Ihnen mit …*
Anredepronomen der du-Form werden immer, also auch im Brief, in der schriftlichen Mittei-lung, kleingeschrieben*: *Wie geht es dir? Hoffentlich habt ihr euch im Urlaub gut erholt! Herz-liche Grüße dir und deiner Frau!* Aber: *Sie bot mir das Du an.*

I Werden die Wörter in Großbuchstaben groß- oder kleingeschrieben?
1. Sie waren gerade beim SPIELEN, da fing es an zu regnen. 2. Es war das BESTE, dass sie gleich aufhörten zu SPIELEN. 3. Im ALLGEMEINEN regnet es hier nicht viel. 4. Ge-stern VORMITTAG haben wir eine Englischarbeit geschrieben; Jens war der ERSTE, der fertig war, der ZWEITE war Uwe, ich war leider der LETZTE. 5. Das tut mir LEID. 6. „Den LETZTEN beißen die Hunde!", heißt ein Sprichwort. 7. Heute NACHMITTAG gehe ich zum Basketballspielen, übermorgen ABEND habe ich Chorprobe. 8. Ich bin ABENDS meistens nicht zu Hause. 9. Sie sollten zum SINGEN kommen, aber JEDER hatte eine Ausrede: der EINE musste zur Hochzeit, der ANDERE zum Zahnarzt, ein DRITTER fühlte sich nicht wohl, der VIERTE sollte zu Hause Babysitter spielen. 10. Er gab den JUNGEN LEUTEN 200 Mark. 11. Nun waren ALLE müde und es war das VERNÜNFTIGSTE, die Musikanten nach Hause zu schicken. 12. Er kam beim ARBEI-TEN ins SCHWITZEN. 13. Jetzt ist er aber im WESENTLICHEN fertig mit der Arbeit. 14. Die ausländischen Gäste wurden im Rathaus auf das HERZLICHSTE empfangen. 15. Was heißt „willkommen" auf FRANZÖSISCH? 16. Wer an der Ampel bei ROT wei-terfährt, verliert unter UMSTÄNDEN den Führerschein. 17. Ich habe IHRE Sendung erhalten und danke IHNEN.

II Schreiben Sie den Brief neu unter Beachtung der Rechtschreibregeln für die Groß- bzw. Kleinschreibung.
1 liebe nicole,
2 obwohl es von hier nicht viel interessantes zu berichten gibt, muss ich dir wieder einmal
3 schreiben. ich habe schon lange nichts von dir und robert gehört. wie geht es euch? ist dein
4 mann immer noch am arbeiten für die prüfung?
5 mein freund wolfgang (du kennst ihn ja, es ist immer noch der alte!) hat auf all seine bewer-
6 bungen nur eine einzige antwort bekommen. er sollte sich bei der hiesigen zeitung vor-
7 stellen. er war natürlich aufs höchste gespannt. heute nachmittag war er einbestellt.
8 im allgemeinen ist wolfgang ein ziemlich ruhiger typ. aber jetzt war er doch etwas nervös.
9 es gab noch fünf bewerber. er war der letzte und was meinst du? er hat die anstellung als
10 journalist bekommen! er soll gleich übermorgen früh anfangen. an das frühaufstehen wird
11 er sich allerdings erst gewöhnen müssen. vorläufig hat er freitagnachmittags und am sams-
12 tag frei. dafür muss er sonntagnachmittags wieder im büro sein.
13 mein übersetzungsbüro läuft gut. zum übersetzen habe ich jetzt noch eine japanerin und
14 einen deutschen studenten gefunden. der letztere ist als sohn eines botschaftsangehörigen
15 in peking aufgewachsen. außerdem hat er sinologie studiert. da er auch englisch voll be-
16 herrscht, kann er mir auch da gelegentlich helfen. die beiden kommen nach bedarf ins büro.

17 du siehst, es gibt zum glück nur gutes zu berichten! nun lasst mal von euch hören.
18 alles gute dir und deiner familie!
19 es grüßt dich herzlich deine
20 angela

h) **Aus Substantiven werden Adjektive**

> das Eisen – eisenhaltig, der Blitz – blitzartig, der Fremde – fremdenfeindlich

Beachten Sie, dass durch Anhängen bestimmter Wortelemente wie z. B. *-arm, -ähnlich, -haft, -fest* usw. aus einem Substantiv ein Adjektiv wird: *der Verlust → verlustarm, das Schloss → schlossähnlich, der Automat → automatenhaft, das Feuer → feuerfest, die Farbe → farblos.*

I Wie heißen die Adjektive?

das Eisen	→	_____haltiges Wasser
das Salz	→	_____arme Kost
die Schlange	→	_____förmige Bewegungen (Pl.)
die Säure	→	_____feste Flaschen
der Sprung	→	_____artige Änderungen
der Wechsel	→	_____haftes Wetter
das Schiff	→	_____bare Flüsse
das Leben	→	_____sfähige Kleinkinder
der Fehler	→	_____freie Arbeiten
der Vorteil	→	_____hafte Abkürzungen
das Glas	→	_____ähnliches Material
das Ende	→	_____lose Reden

II Wie heißt

> ein Essen, das arm an Salz ist? Das ist ein salzarmes Essen.

1. ein Material, das ähnlich wie Teer ist? 2. ein Mensch, der feindlich gegen Ausländer ist? 3. ein Schüler, der kein Interesse hat? (-los) 4. ein Kind, das keine Hilfe hat? (-los) 5. eine Stange, die die Form eines S hat? 6. ein Stoff, der durch Feuer nicht zerstört wird? (-fest) 7. eine Medizin, die wie Brei aussieht? (-artig) 8. eine Tat, für die man eine Strafe erhält? (-bar) 9. eine Bewegung wie die einer Katze? (-artig) 10. Wasser, das Kohlensäure enthält?

3 ss oder ß?

> das Floß – der Fluss; ich weiß – wissen; grüßen – küssen

Anstelle von ss steht ß nur nach langem Vokal (a, e, i, o, u) oder einem Diphthong (au, äu, eu, ei)*: *Maß, Maße* (z. B. der Meter, das Kilogramm), aber: die *Masse* (große Menge, z. B. eine Masse Menschen). Ebenso: *grüßen, grüßte; außer; reißen; fließen – Er weiß es. Er meint, dass … – Das*

Wasser floss/ist in den Kanal geflossen. – essen, isst, aß, gegessen – Er hat es gewusst.

„ss" oder „ß"?

1. Wi____en Sie wie er hei____t? Nein, ich wei____ es nicht.

2. Wir mu____ten einen Schlo____er holen. Der Schlü____el war im Schlo____ abgebrochen.
   Nun lie____ sich die Tür nicht mehr aufschlie____en.

3. Ich habe Schü____e gehört! Wer hat hier gescho____en? Ich habe keinen Schu____
   gehört. Kannst du schie____en?

4. Ich wei____, da____ er verheiratet war. Aber er hat sich scheiden la____en.

5. Mi____ bitte den Umfang des Wa____errohres. Wenn du ihn geme____en hast, kannst du den
   Durchme____er errechnen. Hast du das Ma____?

4 Drei gleiche Konsonanten kommen zusammen

> Imbissstube – Kongresssaal – Zolllager – Brennnessel

Kommen in einem Wort drei Buchstaben zusammen, so darf kein Buchstabe wegfallen*: *stick-stofffrei, Kongressstadt, fetttriefend.* Zur besseren Lesbarkeit kann man aber auch mit Bindestrich schreiben: *Verschluss-Sache, Bass-Stimme, Fluss-Sand.*

5 Silbentrennung

> Af-fe; wa-schen; Wes-pe; Wes-te; o-der; Zu-cker; Fremd-wort

Man trennt die Silben, wie es sich beim langsamen Sprechen von selbst ergibt. Dabei gibt es Folgendes zu beachten:

a) Einzelne Buchstaben als Silben am Anfang eines Wortes können abgetrennt werden*: *A-der; o-der; ü-bel; E-sel.*

b) Auch st* kann ebenso wie sp getrennt werden: *Wes-te, Os-ten, Kas-ten; Wes-pe, Knos-pe.*

c) Die Konsonantenverbindungen ch, ck* und sch bleiben ungetrennt: *Wäch-ter, Bü-cher, Zu-cker, ba-cken, Wä-sche, Fla-sche.* Das gilt auch bei ph, rh, sh und th in Fremdwörtern: *Phi-lo-so-phie, Myr-rhe, Bu-shel, ka-tho-lisch.*

d) Zusammengesetzte Wörter und Wörter mit einer Vorsilbe werden nach ihren Bestandteilen getrennt: *Haus-tür, Wohnungs-schlüssel, aus-ver-kauft, un-be-wohnt, ver-rückt.*

e) Auch die Trennung nach Sprechsilben ist möglich, wenn ein Wort nicht als Zusammensetzung erkannt oder empfunden wird*: *wa-rum* oder *war-um, da-rauf/dar-auf, ei-nander/ein-ander, In-ter-es-se/In-te-res-se, Pä-da-go-ge/Päd-ago-ge.*

Trennen Sie die Wörter an allen Stellen, wo es möglich ist.

1. Kasten, Wespe, Biene, Spinne, Heizung
2. Montag, Samstag, Feierabend, großartig
3. Farben und Lacke, Wecker, Rucksack, Säcke
4. Mikrofon, Philosophie, Stratosphäre
5. Uferpflanzen, Eselin, überhaupt, elendig
6. darauf, darunter, hinauf, herüber, warum

6 Satzzeichen bei der direkten bzw. indirekten Rede – Groß- bzw. Kleinschreibung

> Er sagte: „Ich komme gleich!", und stand auf.

Die Regeln der Groß- bzw. Kleinschreibung bei der direkten Rede werden in folgenden Beispielen aufgezeigt. Beachten Sie auch die Zeichensetzung! Worauf besonders zu achten ist, wurde hervorgehoben.

Er sagte**:** „**I**ch habe Hunger." – „Ich habe Hunger"**, s**agte er.
Sie fragte**:** „**G**ehst du fort?" – „Gehst du fort**?"**, **f**ragte sie.
Uta rief**:** „**S**ei still!" – „Sei still!"**, r**ief Uta.
Er rief**:** „**I**ch bin gleich zurück!"**, u**nd lief die Treppe hinunter.
Sie fragte**:** „**W**o sind wir denn**?"**, **u**nd schaute aus dem Zugfenster.
„Ob er heute noch kommt"**, s**agte er und schaute auf die Uhr, „**i**st doch fraglich."

Merke: Das Anführungszeichen steht am Anfang der wörtlichen Rede unten und am Ende oben.

Hinweis: Bei der indirekten Rede entfallen nicht nur die Anführungszeichen; die wiedererzählte Frage erhält auch kein Fragezeichen, der wiedererzählte Ausruf oder Befehl erhält kein Ausrufezeichen: *Sie fragte ihn, ob er fortgehe. – Uta rief, er solle stille sein. – Sie sei gleich zurück, rief sie.*

I Schreiben Sie die folgenden Sätze mit allen Satzzeichen. Überlegen Sie, ob die Wörter mit Großbuchstaben groß- oder kleingeschrieben werden.
1. Der Politiker sagte WIR werden die Wahl gewinnen
2. Keiner wird uns an der Fortsetzung unserer Politik hindern MEINTE der Parteivorsitzende
3. Wir dürfen die Gunst der Wähler nicht verlieren MEINTE der Kanzler WENN wir die nächste Wahl gewinnen wollen
4. Überzeugen Sie sich selbst von der Qualität der Ware SAGTE der Verkäufer
5. Er fragte WAREN Sie gestern nicht schon mal hier
6. Niemals RIEF er NIEMALS werde ich dich vergessen

II Schreiben Sie jetzt die Übung in der indirekten Rede mit allen Satzzeichen.

7 Zeichensetzung: das Komma

Die meisten Kommafehler kann man vermeiden, wenn man sich die folgenden Regeln merkt:

Ein Komma steht

1. zwischen gleichartigen Satzteilen, wenn sie nicht durch *und* bzw. *oder* verbunden sind, z. B.:
a) mehrere Subjekte: *Papier, Bleistift, Kugelschreiber, Füller usw. erhalten Sie hier. – Haus und Hof, Wiesen, Felder und Wälder waren tief verschneit.*
b) mehrere Objekte im gleichen Kasus: *Der Blinde sieht nicht die herrlichen Berge, die grünen Wälder, die blauen Seen.*
c) mehrere Prädikate: *Alle tanzen, hüpfen, springen. – Er stand auf, zog den Mantel an, bezahlte an der Kasse und verließ das Lokal.* (Vgl. auch die Kommaregel in § 2, 10!)

2. zwischen Hauptsätzen, wenn der Sinnzusammenhang so eng ist, dass man keinen Punkt oder Strichpunkt (;) setzt: *Er ging in die Stadt, die anderen blieben zu Haus.*
Achtung: Es steht in der Regel kein Komma, wenn die Hauptsätze durch *und* bzw. *oder* verbunden sind*. Die Schüler gingen nach Hause und die Lehrer versammelten sich im Lehrerzimmer.*

3. zwischen Haupt- und Nebensatz: *Er wollte nach Hause gehen, weil er noch arbeiten musste. – Sie zogen los, obwohl es in Strömen regnete. – Dort ist das Café, das du gesucht hast. – Wenn du zur Post gehst, nimm bitte diesen Brief mit!*

4. zwischen voneinander abhängigen Nebensätzen: *Er war zu Hause geblieben, weil er wusste, dass man ihn anrufen würde.*
Aber: Es steht kein Komma zwischen gleichrangigen Sätzen, wenn sie durch *und* bzw. *oder* verbunden sind: *Ich bleibe zu Hause, weil es regnet und weil ich noch Briefe schreiben muss.*

5. Der Infinitiv mit *zu* – auch wenn er durch Zusätze erweitert ist*, muss nicht (kann aber) durch ein Komma getrennt werden: *Ich bat ihn(,) zu schweigen und einmal gut zuzuhören. – Es gelang ihnen(,) aus dem Gefängnis zu fliehen.*

6. Bei Infinitiv- oder Partizipgruppen wird ein Koma gesetzt, wenn sie durch eine hinweisende Wortgruppe angekündigt (1) oder wieder aufgenommen werden (2) oder wenn sie aus der üblichen Satzstruktur herausfallen (3):
(1) *Davon, die Tür mit Gewalt aufzubrechen, riet er ab.*
(2) *Die Tür mit Gewalt aufzubrechen, davon riet er ab.*
(3) *Er, um die Menschen zu retten, brach die Tür mit Gewalt auf.*

7. Auch Partizipialkonstruktionen müssen nicht durch ein Komma abetrennt werden*: *Um Hilfe rufend rannte er durch die Straßen. – Von niemandem gewarnt betrat er die gefährliche Eisdecke. – Den Anweisungen entsprechend formulierte er den Brief.*

8. In den Fällen 5–7 muss ein Komma stehen, wenn ansonsten die Aussage des Satzes nicht klar wird: *Er behauptete, gestern bei der Polizei gelogen zu haben.* Oder: *Er behauptete gestern, bei der Polizei gelogen zu haben.* Oder: *Er behauptete gestern bei der Polizei, gelogen zu haben.*

Setzen Sie die fehlenden Kommas ein.
1. Martin Luther der 1483 in Eisleben geboren wurde und 1546 auch dort gestorben ist hat mit seiner Bibelübersetzung sehr dazu beigetragen dass sich im ganzen deutschen Sprachgebiet eine einheitliche Hochsprache durchsetzte.
2. Seine Eltern ermöglichten ihm in Erfurt zu studieren.
3. Später trat er in einen Mönchsorden ein und ab 1511 lehrte er als Professor an der Universität Wittenberg in Sachsen.
4. 1517 heftete er ein Schriftstück mit 95 Thesen in denen er zu bestimmten kirchlichen Fragen Stellung nahm an die Kirchentür von Wittenberg.
5. Das war der Beginn der sogenannten Reformation die zur Spaltung der Kirche in eine katholische und eine evangelische Konfession führte.

Test 20

I Werden die Wörter mit Großbuchstaben groß- oder kleingeschrieben?

1 Pünktlich MORGENS um 6.45 Uhr – die Familie Walters ist um diese Zeit gewöhnlich
2 gerade beim AUFSTEHEN –, da ertönte ein leises MUSIZIEREN in ihrer Woh-
3 nung. Dabei waren Radio und Fernseher nicht in BETRIEB. Das SELTSAME war,
4 dass die Musik so klang, als käme sie unter einer Decke hervor. Alles SUCHEN aber
5 war VERGEBENS. Endlich fand der Sohn des RÄTSELS LÖSUNG. Der EIN-
6 JÄHRIGE Boxerhund Billy hatte einen Wecker verschluckt und dieser war mit einer
7 Melodie programmiert, die regelmäßig am MORGEN ertönte. Seit Tagen war die Uhr
8 schon VERSCHWUNDEN, aber NIEMAND dachte an etwas so VERRÜCKTES.
9 Nun blieb nichts ANDERES übrig, als den Hund zum Tierarzt zu bringen. Der holte
10 die Uhr dann in Einzelteilen aus dem Bauch des VIERBEINERS.

*II Schreiben Sie den folgenden Brief in normaler Schrift. Denken Sie daran,
dass es bei den Großbuchstaben kein „ß" gibt.*

LIEBE INGRID,
WIE LANGE HABEN WIR UNS NICHT MEHR GESEHEN! WIE GEHT ES
DIR UND DEINER FAMILIE? VON HIER KANN ICH DIR ZUM GLÜCK
NUR GUTES BERICHTEN. FRED IST INZWISCHEN ABTEILUNGSLEITER
GEWORDEN, THEO, UNSER ACHTZEHNJÄHRIGER, MACHT GERADE
SEIN ABITUR (OFFENBAR, OHNE ETWAS BEFÜRCHTEN ZU MÜSSEN)
UND JENS, GERADE ZWÖLF GEWORDEN, GEHT GERN IN DIE SCHULE,
IST FLEISSIG UND BRINGT NUR GUTE NOTEN MIT NACH HAUSE.
ABER JETZT HABE ICH DIR NOCH ETWAS WICHTIGES MITZUTEILEN:
AM 10. APRIL MUSS ICH FÜR MEINE FIRMA NACH ZÜRICH FAHREN.
WENN ES EUCH PASST, KÖNNTE ICH DIE FAHRT IN STUTTGART
UNTERBRECHEN UND EUCH BESUCHEN. ICH KÄME DANN DIENSTAG-
ABEND ZU EUCH UND WÜRDE AM MITTWOCHVORMITTAG WEITER-
FAHREN. LASS BITTE VON DIR HÖREN. ALLES ANDERE DANN MÜND-
LICH. (ES GIBT JA SO VIEL ZU ERZÄHLEN!) BIS BALD!
HERZLICHE GRÜSSE
DEINE ERNA

Anhang

Schlüssel zu § 6

1 1. ein; das 2. ein; das 3. –; die 4. –; das 5. eine; der 6. ein; das

2 1. auf Nachrichten 2. herrliche Apfelbäume 3. wunderschöne Abende 4. einen zuverlässigen Mitarbeiter 5. ein kleines Ferienhaus 6. eine sehr wertvolle Briefmarke

3 1. hat eine Länge von 6 Metern und eine Breite von 4 Metern 2. hat ein Gewicht von 75 kg 3. haben eine Höhe von 2000 Metern 4. hat ein Fassungsvermögen von 200 Litern 5. hat eine Spannung von 220 Volt 6. hat eine Dauer von 336 Tagen

4 1. – 2. –; die 3. die 4. eine 5. – 6. –; – 7. –; das 8. eine 9. einen 10. –

5 1. ein; der 2. einen; der 3. eine; die 4. –; die 5. ein; der 6. eine; die

6 1. als Kind 2. Als Autofachmann 3. als Schauspieler 4. als einzige Zeugin 5. als Dolmetscherin für Japanisch 6. als Fachmann für Dieselmotoren

7 1. Ende letzten Jahres 2. Anfang nächster Woche 3. (gegen) Mitte Mai 4. Anfang Dezember 5. Mitte letzten Jahres 6. Anfang nächsten Jahres

8 1. – 2. –; – 3. die 4. aus reiner 5. –; – 6. den; – 7. (den); – 8. aus echtem 9. aus reiner 10. aus reiner; die; mit echten

9 1. Ein kleines Segelboot wird Jolle genannt. 2. Rauschgifte … heißen Drogen. 3. Das Gotteshaus … nennt man Moschee. 4. Händler … bezeichnet man als Zwischenhändler. 5. Gold, Silber … werden Edelmetalle genannt. 6. Eine Ware … nennt man Ladenhüter. 7. Ein geräucherter Hering heißt Bückling. 8. Jemand, der …, wird als Geburtstagskind bezeichnet.

10 1. – 2. – 3. den lieben 4. – 5. Das 6. – 7. die 8. –

11 1. – 2. – 3. – 4. zu 5. Das

12 1. – 2. Der 3. – 4. dem 5. – 6. Der 7. – 8. – 9. – 10. – 11. die 12. Der

13 1. – 2. –; – 3. –; der; – 4. der; den; – 5. –; – 6. die

14 1. –; – 2. –; –; – 3. das; der 4. – 5. – 6. –; – 7. – 8. Das 9. – 10. –; Der 11. –; des 12. – 13. –; –; –; den 14. –; eine 15. –; den 16. Die 17. – 18. Der; – 19. – 20. – 21. – 22. einer

15 1. Ja, das ist unsre. 2. Nein, das ist nicht meins, sondern ihrs. 3. Ja, das ist unsre. 4. Nein, das ist nicht unsrer, sondern seiner. 5. Nein, das ist nicht meins, sondern ihrs. 6. Ja, das ist meine. 7. Ja, das ist meiner. 8. Nein, das ist nicht meins, sondern seins. 9. Ja, das ist seins. 10. Nein, das ist nicht ihrer, sondern unsrer. 11. Ja, ich habe welches. 12. Nein, ich habe keinen. 13. Ja, ich habe eins. 14. Nein, ich habe keinen. 15. Ja, ich habe welche. 16. Ja, ich habe welche. 17. Ja, ich habe welches. 18. Nein, ich habe keine. 19. Ja, ich habe welche. 20. Nein, ich habe keine. 21. Einer 22. eins 23. welche; keine 24. eins 25. Einer 26. eines der Experimente 27. einer der Versuche 28. eine der Opern 29. einer der Ärzte 30. einer der bekanntesten Politiker 31. eine der berühmtesten Kirchen 32. eines der abscheulichsten Verbrechen 33. eines der höchsten Gebäude

Test 9

zu 1 a) Das; ein; gefährliches b) ein wildes; das c) ein; eine; einen; das; den **zu 2** a) – b) – c) ein **zu 3** a) – b) den; eine; die; Die; eine c) eine d) –; die; – (den); der; der; die; – (den) **zu 4** a) – hohes; – b) –; – starke; ein c) –; –; –; das; – **zu 5** a) ein; Das nächste b) den c) Der höchste; der; – **zu 6** a) –; einer; –; –; –; –; – b) der (*als* ist hier Konjunktion!); die **zu 7** a) des; den b) – c) – letzter

Test 10

zu 8 a) –; ein; der; –; – b) –; – (das) c) das d) –; –; – **zu 9** a) ein; hoher; –; Das; dem; –; Das; den; –; – b) Ein; eine; ein; –; der **zu 10** a) Der höchste; die; die b) der; – (die); –; –; – c) Die; der; –; der; den d) –; –; der; der **zu 11** a) den b) Zu; einen (–) c) – (zu/über); den **zu 12** a) Der; –; –; – b) ein bekannter c) –; –; –; einen; den; des; dem d) – (Der); –; –; des

zu 13 a) –; –; – b) – (ein) c) –; ein; der d) Der; – (ein); – e) –; –; –; – **zu 14** a) –; – b) Der; –; der; – c) –; – d) eine; die e) –; – f) die g) Die; – h) –; –; –; die; ab nächstes Jahr (ab dem nächsten Jahr) i) – **zu 15** a) keine b) eins (eines) c) Einer d) welche e) meins (meines) f) einer der Brüder; eine der Schwestern; eins (eines) der Bücher; einer der Deutschen; eins (eines) der Instrumente

Schlüssel zu § 7

1 1. Die Zahl der Schüler ist weit höher als die der Studenten. – Es gibt viel mehr Schüler als Studenten. 2. ist größer als die der Angestellten. – Es gibt mehr Arbeiter als Angestellte. 3. als die der Autos. – Motorräder als Autos. 4. als die der Säugetiere. – Insekten als Säugetiere. 5. der Toten war höher als die der Vermissten. – mehr Tote als Vermisste. 6. als die der Erdbeben in Italien. – Erdbeben in Deutschland als in Italien.
2 1. In der Schweiz leben über sechs Millionen Menschen. – Die Schweiz hat eine Bevölkerung von über sechs Millionen. 2. In Österreich … acht Millionen Menschen. – eine Bevölkerung von … 3. In der … 81 Millionen Menschen. – Die … hat eine Bevölkerung von 81 Millionen.
3 1. einige Arten Giftpflanzen; einige Arten von Giftpflanzen 2. … Zahl Schmetterlinge; … Zahl von Schmetterlingen 3. … Nagetiere; von Nagetieren 4. junger Studenten 5. nächtlicher Ruhestörer; der nächtlichen Ruhestörer 6. der Bewerber 7. seiner Ersparnisse 8. der Bäume 9. von Verletzten 10. amerikanischer Soldaten (der amerikanischen Soldaten)
4 1. Es handelt sich aber doch um ein älteres Haus. 2. um einen jüngeren Mann 3. eine größere Stadt 4. um einen kleineren Betrag 5. um ein neueres Haus 6.–9. ganz (recht) 10. ein gutes Kilo Fleisch 11. ein guter 12. gute; gut

Test 11
1 a) In den Entwicklungsländern gibt es weniger alte Menschen als junge. b) In der … gibt es doppelt so viele Einwohner wie in der Schweiz. c) Im 2. Weltkrieg hat es über fünfmal so viele Gefallene gegeben wie im 1. Weltkrieg. **2** a) Menschen b) Menschen c) Menschen d) Bevölkerung **3** a) ein Teil der Bevölkerung b) indoeuropäischer Sprachen c) der höheren Schule d) früh blühender Pflanzen e) von Touristen f) von Arbeitslosen g) fröhlicher Kinder h) der Ergebnisse

Schlüssel zu § 8

1 1. nichts (nicht) 2. nicht 3. nichts 4. nichts 5. nicht 6. nichts 7. nicht 8. nicht 9. nichts 10. nichts 11. nicht; nicht 12. nichts 13. nichts 14. nicht 15. nichts 16. nicht
2 1. Ich konnte dem Freund das Buch nicht geben. 2. nicht geholfen 3. nicht die Hand 4. nicht Ski fahren 5. nicht erwartet 6. nicht Feuer machen 7. nicht singen können 8. nicht Auto fahren
3 1. kein 2. nicht 3. keine 4. nicht 5. keine 6. nicht 7. Nicht geimpfte 8. keine ungeimpften 9. kein essbarer 10. Nicht essbare 11. nicht 12. keine 13. keine 14. nicht 15. nicht 16. kein 17. nicht alle 18. nicht so groß 19. kein Taschengeld 20. nicht einverstanden 21. keine warme Kleidung 22. nicht genug Sommerkleidung 23. kein Vergnügen 24. keine Spaghetti 25. nicht gern 26. nicht geraucht 27. keine einzige Zigarette
4 1. Wir warnten die Freunde davor, heimlich über die Grenze zu gehen. 2. schneller als mit 50 km/h durch … zu fahren. 3. viel Fett zu essen. 4. die gefährliche Strecke bei Nacht zu fahren. 5. bei der Kälte ins Schwimmbad zu gehen. 6. von den starken Wellen auf die Steine geworfen zu werden.

5 1. Sie hat sich nicht nach dir erkundigt. 2. Mein Bruder hat sich nicht um unsere Mutter gekümmert. 3. Ich habe mich nicht für Autos interessiert. 4. Er hat sich nicht um … bemüht. 5. Ich habe mich über … nicht gewundert. (Oder: mich nicht über) 6. Er hat sich an … nicht erinnern können. (Oder: Er hat sich nicht an)

6 1. Das Flugzeug fliegt nicht sehr schnell. 2. wahrscheinlich nicht. 3. leider nicht in Karlsruhe. 4. nicht gern zu uns. 5. vermutlich nicht zu meinem Geburtstag 6. nicht immer um elf Uhr. 7. nicht schnell genug? 8. nicht sehr gut. 9. nicht mit auf die Reise. 10. sicher nicht die richtige Antwort

Test 12

1 a) nichts b) nicht c) nichts d) nicht e) nicht f) nichts g) nichts h) nichts

2 1) Er kann nicht Schreibmaschine schreiben. b) Schreibmaschine nicht reparieren. c) ihr nicht helfen? d) Geld nicht gegeben. e) sich nicht das Leben genommen.

3 a) kein b) keine c) nicht d) kein e) keinen f) nicht

4 a) davor, zu weit ins Meer hinauszuschwimmen! b) davor, die Tabletten länger als einen Monat zu schlucken. c) davor, in dieses Lokal zu gehen. d) ab die ganze Tour an einem Tag zu machen.

5 a) aber sie verstehen sich nicht. b) damit er sich bei dem kalten Wind nicht erkältet. c) Sie hat sich

6 a) Ich lese nicht gern Kriminalromane. b) kann sie nicht gut c) wahrscheinlich nicht nach d) hoffentlich nicht bis e) den Vertrag nicht f) ihn nicht umsonst

Schlüssel zu § 9a

1 1. Anblick 2. Blick 3. Blick (Ausblick) 4. Blick 5. Blicken 6. Anblick

2 1. Anschrift 2. Aufschrift 3. Aufschrift 4. Anschrift 5. Anschrift 6. Aufschrift

3 1. Ansicht 2. Aufsicht 3. Aussicht 4. Ansicht 5. Aussicht 6. Ansicht

4 1. Auftrag 2. Antrag 3. Antrag 4. Auftrag 5. -antrag 6. Aufträge

5 1. Berechtigung 2. Berichtigung 3. Berichtigung 4. Berechtigung

6 1. Schätzung 2. einen Schatz 3. Bodenschätzen 4. Schatz 5. den Bodenschätzen 6. Schätzung

7 1. Das 2. der 3. das; die 4. Das 5. ein 6. einen 7. einen 8. die; Die 9. Der 10. die 11. Dieser 12. Das 13. Die 14. Die 15. Das 16. die 17. das 18. der

8 1. Fernsehen 2. Fernseher 3. Fernsehen 4. Fernseher 5. der Fernseher 6. Das Fernsehen

9 1a) B 1b) A 2a) A 2b) B 3a) B 3b) A 4a) B 4b) A 5a) A 5b) B 6a) A 6b) B

10 1. Gegenteil 2. großer Gegensatz 3. das Gegenteil 4. das Gegenteil 5. Gegensatz 6. das Gegenteil

11 1. der Landwirtschaft 2. Länder 3. Gelände 4. Landschaft (Land) 5. dem Land 6. Landschaften 7. ein Gelände 8. Land 9. dem Land 10. Das Gelände

12 1. Junge 2. Jungen 3. Junge 4. Junge; Junges 5. junger Mann 6. Junges; das Junge

13 1. elegantes Kleid 2. Kleidung 3. abgerissene Kleidung 4. das Kleid 5. ihre Kleidung 6. ihren Kleidern

14 1. Kosten 2. Kosten 3. Kost 4. Unkosten 5. Unkosten 6. Kost

15 1. Mängel 2. herrscht Mangel 3. Der Mangel; hätte 4. zu viele Mängel 5. schwer wiegender Mängel 6. Der Mangel; führte

16 1. Personen 2. Personen 3. Leute 4. Leute 5. Männern 6. Mann (Leute)

17 1. Nahrung 2. Nahrungsmitteln (Lebensmitteln) 3. Lebensmittel 4. Lebensmittel 5. Nahrung 6. Ernährung 7. Ernährung 8. Lebensmittel (Nahrungsmittel) 9. Ernährung

18 1. die Polizei 2. Die Polizei 3. die Polizei; Polizisten 4. Polizist 5. Polizisten 6. Polizist

19 1. Schuld 2. Schulden 3. Schulden 4. Schulden 5. Schuld 6. Schuld

20 1. Städte 2. Staaten 3. Stätten 4. Staaten 5. Stätte 6. Städte
21 1. Die Untersuchung 2. Der Versuch 3. Versuchung 4. Versuchung 5. Die Untersuchung 6. Der Versuch
22 1. Verhalten 2. Verhalten 3. Verfahren 4. Verfahren 5. Verfahren 6. Verhalten
23 1. -vorkommen 2. Vorkommnis 3. Vorkommnisse 4. Vorkommen 5. Vorkommen 6. Vorkommnis
24 1. Wörter 2. Worte 3. Worte 4. Wörter 5. Worte 6. Worte

Test 13

1 a) Anblick b) Blick c) Blick (Ausblick) d) Anblick e) Blick f) Blick **2** a) Anschrift b) Anschriften c) Aufschrift d) Aufschrift **3** a) Ansicht b) Aussicht c) Aussichten d) Aufsicht e) Aufsicht **4** a) Auftrag b) Auftrag c) Antrag d) Antrag **5** a) Berichtigung b) Berechtigung c) Berichtigung **6** a) einen Schatz b) Schatz c) Schätzung d) Bodenschätze e) Bodenschätze (Schätze) f) Schätzung **7** a) das Erbe b) Erben; das Erbe c) Der Erbe; das Erbe d) des Erbes; der Erbe; das Erbe
a) Das b) Der
a) Der b) Die c) die; der d) die
a) Das b) eine c) eine d) das
a) das b) das c) Der d) einen

Test 14

8 a) das Fernsehen b) Der Fernseher c) Fernsehen d) dem Fernseher **9** a) Flasche Bier b) Bierflasche **10** a) Gegensatz b) Das Gegenteil c) Gegenteil d) Gegensatz **11** a) dem Gelände b) eine kleine Landwirtschaft c) Die Landschaft (Das Gelände) d) Das Gelände e) Das ganze Land **12** a) Das Junge b) Junge; ein Junges c) ein netter Junge d) Jungen **13** a) -kleid b) Kleider c) Kleidung **14** a) bestand seine Kost b) Kosten c) Unkosten d) Kost **15** a) Mängel b) Mängel c) Der Mangel d) Der Mangel **16** a) Personen b) Männer c) Leute d) Mann e) Mann (Leute) f) Personen; Leute (Personen) **17** a) Nahrung b) wurden Lebensmittel c) Ernährung d) Lebensmittel- **18** a) Der Polizist b) die Polizei **19** a) Schuld b) Schulden c) Schuld **20** a) Stätten b) Staaten c) Städte d) -stätten **21** a) den Versuch b) Eine gerichtliche Untersuchung c) eine chemische Untersuchung d) Versuchung e) Versuchung **22** a) Verhalten b) Verhalten c) Verfahren d) Verfahren **23** a) Vorkommnis b) Vorkommnis c) -vorkommen **24** a) Wörter b) -wörter c) Worte d) Worte

Schlüssel zu § 9b

1 1. Wie konnte das schwer Unglück eigentlich passieren? 2. Der Unfall hat sich folgendermaßen abgespielt. 3. Wie wird sich die mündliche Prüfung im Einzelnen abspielen? 4. Bei dem Verkehrsunfall ist außer Blechschäden Gott sei Dank nichts passiert.
2 1. Inge versuchte, mit einem Insektenspray die Stechmücken abzuwehren. – sich mit einem Insektenspray gegen … zu wehren. 2. die Faustschläge eines Klassenkameraden abzuwehren. – sich gegen die … zu wehren. 3. mit dem Qualm die Fliegen abzuwehren. – sich mit dem Qualm gegen die Fliegen zu wehren. 4. durch seine … die … abzuwehren. – sich durch seine … gegen die immer … zu wehren. 5. durch … den … abzuwehren. – sich durch … gegen den … zu wehren. 6. durch … das … abzuwehren. – sich durch … gegen das … zu wehren.
3 1. achteten 2. achten 3. beachtet 4. Beachten 5. achtet 6. achte
4 1. angebaut 2. angebaut 3. eingebaut 4. einbauen 5. eingebaut 6. angebaut
5 1. beteten 2. bot … an. 3. bat 4. beteten 5. bat 6. boten … an. 7. Wir baten ihn darum, uns zu benachrichtigen. 8. dich darum, dich zu gedulden. 9. darum gebeten, dir Geld zu leihen. 10. darum gebeten, ihm die Telefonnummer zu geben. 11. darum bitten, ihm ein Zeugnis zu geben. 12. darum, dir zu helfen.

6 1. verändert. 2. ändern 3. wechseln 4. ändern 5. ändern 6. verändert 7. ändern (wechseln) 8. ändern 9. wechseln 10. verändert

7 1. umziehen 2. ausgezogen 3. anziehen 4. ausgezogen – angezogen 5. eingezogen 6. ausgezogen

8 1. auslösen 2. auflösen 3. auslösen 4. auslösen 5. auflösen 6. auslösen 7. auslösen 8. auslösen 9. auflösen 10. auflösen 11. auflösen 12. auflösen

9 1. aufsetzen 2. anziehen 3. anziehen 4. aufsetzen 5. anziehen 6. aufsetzen 7. anziehen 8. aufsetzen 9. anziehen 10. aufsetzen

10 1. aufgeweckt 2. aufgewacht 3. wachten 4. hat ... aufgeweckt 5. ist ... aufgewacht 6. bin ... aufgewacht

11 1. aus 2. ab 3. ab- 4. aus- 5. ab- 6. ab-

12 1. benachrichtigt 2. berichtigen 3. berichtet 4. berichtigt 5. berichtet 6. benachrichtigt

13 1. betrachtet 2. betrachtet 3. beobachten 4. betrachten 5. Beobachten 6. beobachtet

14 1. verbraucht 2. brauche 3. gebraucht 4. gebraucht 5. brauchte (gebrauchte) 6. verbraucht 7. gebraucht 8. verbrauchen 9. verbraucht 10. gebraucht (braucht) 11. Gebrauche 12. brauche – brauche

15 1. gebrannt 2. abgebrannt 3. verbrannt 4. verbrannt 5. angebrannt 6. angebrannt 7. verbrannt 8. verbrannt 9. gebrannt 10. verbrannt

16 1. drucken 2. gedruckt 3. drückte 4. gedrückt 5. drücken 6. gedruckt

17 1. entdeckte 2. entdeckt 3. erfindet 4. entdeckt 5. erfunden 6. entdeckt

18 1. , was bekanntlich seit Jahrtausenden der Fall ist 2. ereignete sich ein 3. fand das Konzert nicht ..., sondern im Kurhaus statt. 4. Wenn das der Fall ist, 5. findet keine ... statt. 6. Plötzlich ereignete sich

19 1. Verstehst 2. merken 3. erkannte 4. merkt 5. erkennt 6. merkte 7. erkannte 8. verstehen 9. erkannt 10. gemerkt 11. verstehen 12. Verstehst

20 1. krank bin 2. erkrankte 3. ist ... erkrankt 4. ist krank geworden 5. sind ... krank geworden 6. bin ... krank gewesen

21 1. erschreckt 2. erschreckt 3. erschrak 4. erschraken 5. Erschrick 6. erschreckte

22 1. Schlucken 2. Isst 3. esse 4. getrunken; gegessen 5. geschluckt 6. schlucken

23 1. + 2. + 3. gefallen 4. + 5. hingefallen 6. gefallen

24 1. forderte 2. fördert 3. fördert 4. hat ... aufgefordert 5. hat ... gefördert 6. fordern

25 1. gefroren 2. erfroren 3. gefroren 4. gefroren 5. zugefroren 6. gefroren 7. erfroren 8. erfroren

26 1. den 2. den verschiedenen Räumen 3. die 4. der 5. das; die 6. herumführen 7. führte 8. herumgeführt 9. herumführen 10. geführt

27 1. Es glückte ihm, das Alter der Vase zu bestimmen. 2. Innerhalb von zwei Stunden gelang es den Einbrechern, an ... 3. Es gelang ihm nicht, den ... 4. Den beiden gelang schließlich die ... 5. Den Gefangenen glückte die Flucht. 6. Dem Fuchs gelang es nicht, an ...

28 1. Herr Mott wird im Mai unsere Nachbarin heiraten. 2. Unsere Tochter verheiratet sich mit dem Sohn des ... 3. ... Leute wollen möglichst bald heiraten. 4. ist nun ... verheiratet. 5. Sie war ... verheiratet. 6. Er hat die Frau, ..., jetzt zum zweiten Mal geheiratet.

29 1. Es stellte sich heraus, dass ... 2. Es hat sich endlich herausgestellt, wer ... 3. Hoffentlich stellt sich die wirkliche ... bald heraus. 4. Es hat sich endlich herausgestellt, wer ... 5. Erst nach Monaten stellte sich heraus, dass ... 6. Erst nach seinem Tod stellte sich heraus, dass ...

30 1. kennt 2. weiß 3. Kennen 4. weiß; kenne 5. Wissen 6. kenne

31 1. geladen 2. geladen 3. beladen 4. geladen 5. geladen 6. beladen

32 1. stehen 2. steht 3. stehen; liegen 4. steht 5. steht; liegt 6. liegen

33 1. gemacht 2. mache 3. tun 4. machen 5. Tu 6. Macht 7. Mach 8. getan 9. machen 10. machen 11. gemacht 12. tun 13. Tu 14. tun 15. + 16. + 17 getan 18. tun 19. mache; machen 20. tun

34 1. + 2. gemalt 3. + 4. + 5. gemahlen

35 1. Ja, ich muss ihn in die Werkstatt bringen. – Nein, ich brauche ihn nicht in die Werkstatt zu bringen. 2. Ja, ich muss … gehen. – Nein, ich brauche morgen nicht wieder … zu gehen. 3. Ja, Hans muss … wiederholen. – Nein, Hans braucht … nicht zu wiederholen. 4. Ja, ich habe sie … schreiben müssen. – Nein, ich habe … nicht noch mal zu schreiben brauchen. 5. Ja, Andrea muss operiert werden. – Nein, Andrea braucht nicht operiert zu werden. 6. Ja, man musste es suchen lassen. – Nein, man brauchte es nicht suchen zu lassen.

36 1. + 2. soll 3. + 4. + 5. muss 6. soll

37 1. geholt 2. nimmt 3. nahm 4. bekommen 5. bekommen 6. holen 7. hole 8. bekommt 9. genommen.

38 1. sammeln 2. sammeln 3. Sammle 4. pflücken 5. sammeln 6. sammelt

39 1. … Ehe hat sich meine Schwester von Albert scheiden lassen. 2. Der Richter hat die Ehe zwischen … geschieden. 3. Die Ehe wurde nach sieben Jahren geschieden. 4. … Leiden ist der Kranke schließlich … geschieden. 5. Sie schieden im Streit. 6. geschiedene 7. geschiedenen 8. geschiedenen 9. geschiedenen 10. scheidenden 11. geschiedene 12. scheidende 13. geschiedene

40 1. geschossen 2. erschossen 3. schoss 4. erschossen 5. + 6. geschossen 7. erschossen 8. geschossen 9. angeschossen

41 1. aufgeschrieben 2. geschrieben 3. aufgeschrieben 4. aufschreiben 5. aufgeschrieben 6. Schreib

42 1. geschüttet 2. füllt 3. Gieße (Schütte) 4. geschüttet (gegossen) 5. gegossen 6. füllte 7. schütten (gießen) 8. gießen 9. füllten

43 1. sitzt 2. + 3. steht 4. + 5. sitzt 6. steht

44 1. sterben 2. tötete 3. gestorben war; töten 4. starb 5. starben 6. töten

45 1. Ich habe mich am großen Zeh gestoßen. 2. Manfred hat den … gestoßen 3. Karl ist im … gestoßen. 4. … sind an der Ecke zusammengestoßen. 5. … sind wir auf … gestoßen. 6. … sind die … gestoßen.

46 1. Wenn du mit mir tagsüber telefonieren willst, …   2. Er hat mit mir telefoniert und … 3. Ich habe gestern mit ihr telefoniert, … 4. Hast du gestern mit Christian telefoniert? 5. angerufen 6. telefoniert 7. angerufen 8. telefoniert

47 1. eingetreten 2. treten … ein 3. eingetreten 4. trat 5. getreten 6. trittst 7. betreten 8. betreten

48 1. verbreitert 2. verbreitet 3. verbreiten 4. verbreitert 5. verbreitete 6. verbreitert

49 1. verschreiben 2. vorschreiben 3. aufschreiben 4. verschrieben 5. verschreibt 6. aufgeschrieben 7. schreibt … vor 8. aufgeschrieben

50 1. Versuch 2. versucht 3. untersuchte 4. untersucht 5. untersucht 6. versucht

51 1. erwartet 2. erwarte 3. Warte 4. erwarte 5. warteten 6. gewartet

52 1. hat … gewacht 2. weckst 3. bin … aufgewacht 4. aufwachen 5. haben … gewacht 6. haben … geweckt 7. erwachten 8. erwachte

53 1. Der linke Fuß tat mir weh. 2. Die Lunge hat ihm wehgetan. 3. Das Knie tut ihr weh. 4. … darüber, dass ihr beim Laufen das rechte Bein sehr wehtut. 5. …, hat ihr sehr wehgetan.

Test 15

1 a) hat sich … abgespielt b) hat sich … abgespielt c) ist … passiert d) ist … passiert   **2** a) sich … gewehrt b) sich … gewehrt c) sich … gewehrt d) abgewehrt   **3** a) geachtet b) beachtet c) geachtet d) beachtet   **4** a) eingebaut b) angebaut c) angebaut d) eingebaut   **5** a) angeboten b) gebetet c) angeboten d) gebeten   **6** a) gewechselt b) geändert c) verändert d) verändert e) gewechselt f) gewechselt   **7** a) ausgezogen b) ausgezogen c) umgezogen d) angezogen   **8** a) auflösen b) auflösen c) auslösen d) auslösen e) auflösen   **9** a) aufgesetzt b) angezogen c) aufgesetzt d) aufgesetzt   **10** a) geweckt b) aufgewacht c) gewacht   **11** a) abgestiegen b) ausgestiegen c) abgestiegen   **12** a) berichtet b) benachrichtigt c) berichtet d) berichtigt   **13** a) beobachtet b) betrachtet   **14** a) verbrauchen b) brauchen c) gebrauchen   **15** a) abge-

brannt b) verbrannt c) gebrannt d) angebrannt **16** a) drucken b) drücken c) drücken
17 a) erfunden b) entdeckt

Test 16
18 a) sich ereignet b) stattgefunden **19** a) verstehen b) verstehen c) erkennen d) erkennen
21 a) erschreckt b) erschrocken **22** a) geschluckt b) gegessen c) gegessen d) getrunken
23 a) gefallen b) gefallen c) hingefallen **24** a) gefordert b) gefördert c) gefördert d) aufgefordert **25** a) gefroren b) zugefroren c) erfroren d) erfroren e) gefroren **26** a) herumführen
b) führen **27** a) gelungen b) gelangt **28** a) geheiratet b) verheiratet c) geheiratet **29** a) herausgestellt b) herausgefunden **30** a) Kennst b) Weißt c) Weißt d) kennst **31** a) laden b) laden c) beladen d) beladen **32** a) stehen b) liegen c) sitzen d) stehen e) sitzen f) liegen
33 a) tun b) tun c) tun d) machen e) machen f) machen **34** a) malen b) mahlen **35** a) Nein,
ich brauche nicht (mehr) abends um 11 Uhr zu Hause zu sein. b) Nein, ich brauche nicht mit dem
Zug um 6.30 Uhr zu fahren. **36** a) müssen b) müssen c) sollen d) sollen **37** a) holen b)
nehmen c) bekommen **38** a) pflücken b) sammeln

Test 17
40 a) angeschossen b) erschossen c) geschossen d) geschossen **41** a) aufgeschrieben b) geschrieben **42** a) gegossen b) geschüttet c) gefüllt **43** a) steht b) sitzt **44** a) getötet; gestorben b) getötet **45** a) zusammengestoßen b) gestoßen; gestoßen c) gestoßen **46** a) angerufen b) telefoniert **47** a) getreten b) getreten c) betreten d) eingetreten **48** a) verbreitet
b) verbreitert **49** a) verschrieben b) vorgeschrieben c) verschrieben (aufgeschrieben) d) aufgeschrieben **50** a) untersucht b) versucht c) versucht **51** a) gewartet b) erwartet c) erwartet **52** a) aufgewacht b) geweckt c) gewacht

Schlüssel zu § 9c

1 1. einzigen 2. Einziger 3. Einzige 4. allein 5. einzige; allein 6. einziges
2 1. anscheinend 2. scheinbar 3. scheinbar 4. scheinbar 5. anscheinend 6. anscheinend
3 1. dringend 2. dringende 3. aufdringliche 4. dringend 5. aufdringlichen 6. eindringlich
4 1. bedenkenlos 2. Gedankenlos 3. gedankenlos 4. Bedenkenlos 5. bedenkenlos
5 1. mehr; bessere 2. besser 3. mehr 4. mehr; besser 5. besser 6. mehr
6 1. lange 2. breit 3. lang; breit 4. weit 5. weiter 6. lang 7. lange 8. weit 9. lang 10. breit
7 1. damals 2. da 3. dann 4. da 5. damals 6. dann
8 1. Nach dem 2. danach 3. Nachdem 4. Nach dem 5. Nachdem 6. danach
9 1. deshalb 2. dafür 3. deshalb 4. Dafür 5. deshalb 6. dafür
10 1. eisiger 2. eiserner 3. eisiges 4. eisernen 5. eiserner 6. eisiger
11 1. kurze 2. niedrig 3. eng 4. kleine 5. kurzen 6. niedrig
12 1. erstaunt 2. erstaunlich 3. erstaunlich 4. erstaunt 5. erstaunt 6. erstaunlich
13 1. etwa 2. etwas 3. etwa 4. etwas 5. etwa; etwas 6. etwa
14 1. Kommende 2. folgende 3. kommenden 4. folgende 5. kommende 6. Kommenden
15 1. Neulich 2. vorher 3. Früher 4. früher 5. vorher 6. frühere 7. vorher 8. neulich
16 1. geistliche 2. geistigen 3. geistige 4. Geistige 5. geistigen 6. geistliche
17 1. schlecht; wenig 2. gering 3. wenig 4. schlecht 5. gering 6. schlechte 7. wenigen 8. geringer 9. gering
18 1. gewöhnlich 2. gewohnten 3. gewohnt 4. gewöhnlich 5. Gewöhnlich 6. gewohnten
19 1. her- 2. her- 3. hin- 4. hin- 5. her- 6. hin-
20 1. hoch 2. hoch 3. teuer 4. warmes 5. teurer 6. hohe
21 1. jeden 2. aller 3. Jeder 4. allen 5. Alle 6. jeder

22 1. kurzer 2. wenigen 3. wenigen 4. kurzem 5. kurze 6. wenig 7. kurze 8. kurze 9. wenigen 10. wenigen 11. kurzem 12. wenig

23 1. so sehr 2. so viel 3. so sehr 4. so lange 5. so sehr 6. so lange 7. Solange 8. so lange 9. so viel 10. Soviel 11. sosehr 12. so sehr

24 1. langweilig 2. gelangweilt 3. langweilig 4. langweiliger 5. gelangweilt 6. langweilige

25 1. mit- 2. auf- 3. mit- 4. auf- 5. mit- 6. bei-; von-

26 1. nahe gelegenen 2. nahe liegend 3. nahe liegende 4. nahe liegender 5. nahe gelegenen 6. nahe gelegen

27 1. schade 2. schädlich 3. schade 4. schädlich 5. Schade 6. schädliche

28 1. schnell 2. hohe 3. hoch 4. viele 5. schnell 6. hoch 7. viel; hoch

29 1. viel 2. sehr 3. viel 4. viele 5. sehr 6. viel 7. viel 8. sehr

30 1. selbstständig 2. selbstverständlich 3. selbstständig 4. Selbstverständlich 5. selbstständiger 6. selbstverständliche; selbstständiges

31 1. überraschend 2. überrascht 3. überraschende 4. überraschten 5. überraschend 6. überrascht

Test 18

1 a) allein b) allein c) einzige **2** a) anscheinend b) scheinbar **3** a) eindringlich b) aufdringlich c) dringend **4** a) bedenkenlos b) gedankenlos **5** a) mehr b) mehr c) besser **6** a) breit b) lang c) weit **7** a) damals (da) b) dann c) da **8** a) Nach dem b) danach c) Nachdem **9** a) dafür b) deshalb **10** a) eisige b) eisern **11** a) kurz b) enges c) niedrig; klein d) niedrigen **12** a) erstaunt b) erstaunlich c) erstaunlich **13** a) etwas b) etwa; etwas **14** a) folgenden b) kommenden **15** a) vorher b) neulich; früheren c) Früher **16** a) geistliche b) geistliche c) geistigen **17** a) schlecht b) gering (schlecht) c) schlechte d) wenig

Test 19

18 a) gewöhnlich b) gewöhnlich c) gewohnt **19** a) hin- b) her- **20** a) hoch b) teuer c) warm d) hohen **21** a) jeden b) Alle c) jeden **22** a) kurz, wenig b) kurzer c) Kurze **23** a) so lange b) so viel c) so sehr **24** a) langweilig b) gelangweilt **25** a) voneinander b) aufeinander c) miteinander d) übereinander **26** a) nahe gelegene b) nahe liegend c) nahe liegend d) nahe gelegen **27** a) schädlich b) schade **28** a) vielen; viel b) Viele c) hohe d) schnell **29** a) viel b) sehr c) viel d) sehr **30** a) selbstverständlich b) selbstständig c) selbstverständlich; selbstständig **31** a) überraschend b) überrascht

Schlüssel zu § 10

1 I (Zeilen:) 1 vereisten; Rutschen 2 erschrockene; Möglichstes; glatten 3 Steuern; Bremsen 4 eiserne; tief 5 Eingeschlossene; Rufen 6 junger 7 nahen; Verletzten 8 hilfsbereite junge; Bemühen 9 Hilfe; 10 Abstürzen **II** (Satznummern:) 1. kleinen; großen 2. Alten; Jungen 3. Neues 4. viel Erfreuliches 5. schnelles Fahren 6. Musizieren 7. Kleine; blonde 8. Hin; Her; grünes

2 a 1. Interessantes 2. interessante 3. Neues 4. neu 5. Gute 6. unsinniges 7. erfreuliche 8. Langweiligeres 9. Gute 10. falsch

g I 1. Spielen 2. Beste, spielen 3. Allgemeinen 4. Vormittag, Erste, Zweite, Letzte 5. Leid 6. Letzten 7. Nachmittag, Abend 8. abends 9. Singen, jeder, eine, andere, Dritter, Vierte 10. jungen Leuten 11. alle, Vernünftigste 12. Arbeiten, Schwitzen 13. Wesentlichen 14. Herzlichste 15. Französisch 16. Rot, Umständen 17. Ihre, Ihnen

II (Zeilen. Alle großgeschriebenen Wörter sind angeführt) 1 Liebe Nicole 2 Interessantes 3 Ich/Robert/Wie/Ist 4 Mann/Arbeiten/Prüfung 5 Mein Freund Wolfgang/Bewerbungen 6 Antwort/Er/Zeitung 7 Er/Höchste/Heute Nachmittag 8 Im Allgemeinen/Wolfgang/Typ/

Aber 9 Es/Bewerber/Er/Er/Anstellung 10 Journalist/Er/An/Frühaufstehen 11 Vorläufig/Samstag 12 Dafür/Büro 13 Mein Übersetzungsbüro/Zum Übersetzen/Japanerin 14 Studenten/Der/Letztere/Sohn/Botschaftsangehörigen 15 Peking/Außerdem/Sinologie/Da/Englisch 16 Die/Bedarf/Büro 17 Du/Glück/Gutes/Nun 18 Alles Gute/Familie 19 Es 20 Angela

h I eisenhaltiges, salzarme, schlangenförmige, säurefeste, sprungartige, wechselhaftes, schiffbare, lebensfähige, fehlerfreie, vorteilhafte, glasähnliches, endlose

II 1. ein teerähnliches Material 2. ausländerfeindlicher 3. interesseloser 4. hilfloses 5. s-förmige 6. feuerfester 7. breiartige 8. strafbare 9. katzenartige 10. kohlensäurehaltiges

3 1. Wissen/heißt/weiß 2. mussten/Schlosser/Schlüssel/Schloss/ließ/aufschließen 3. Schüsse/geschossen/Schuss/schießen 4. weiß/dass/lassen 5. Miss/Wasserrohres/gemessen/Durchmesser/Maß

5 1. Kas-ten, Wes-pe, Bie-ne, Spin-ne, Hei-zung 2. Mon-tag, Sams-tag, Fei-er-abend, groß-ar-tig 3. Far-ben, La-cke, We-cker, Ruck-sack, Sä-cke 4. Mi-kro-fon (Mik-ro-fon), Phi-lo-so-phie, Stra-to-späh-re 5. U-fer-pflan-zen, E-se-lin, ü-ber-haupt, e-len-dig 6. dar-auf (da-rauf), dar-unter (da-run-ter), hin-auf (hi-nauf), her-über (he-rü-ber), war-um (wa-rum)

6 I 1. Der Politiker sagte: „Wir werden die Wahl gewinnen!" 2. „Keiner … hindern", meinte der Parteivorsitzende. 3. „Wir … verlieren", meinte der Kanzler, „wenn wir … wollen." 4. „Überzeugen … der Ware!", sagte der Verkäufer. 5. „Waren Sie … hier?" 6. „Niemals", rief er, „niemals werde ich dich vergessen!"

II 1. Der Politiker sagte, sie würden … gewinnen. 2. Keiner werde sie … ihrer Politik hindern, meinte der … 3. Sie dürften … verlieren, meinte …, wenn sie … gewinnen wollten. 4. Wir (Sie) sollten sich … überzeugen, sagte der Verkäufer. 5. Er fragte, ob wir (sie) am Tag zuvor nicht schon mal da gewesen seien. 6. Niemals, rief er, niemals werde er mich (sie) vergessen.

7 1. Martin Luther, der … wurde und … gestorben ist, hat … beigetragen, dass … durchsetzte. 2. Seine Eltern ermöglichten ihm, in Erfurt zu studieren. 4. Thesen, in denen … nahm, … 5. … Reformation, die …

Test 20

I (Zeilen) 1 morgens 2 Aufstehen; Musizieren 3 Betrieb; Seltsame 4 Suchen 5 vergebens; Rätsels Lösung; einjährige 7 Morgen 8 verschwunden; niemand; Verrücktes 9 anderes 10 Vierbeiners

II Liebe Ingrid,

wie lange haben wir uns nicht mehr gesehen! Wie geht es dir und deiner Familie? Von hier kann ich dir zum Glück nur Gutes berichten. Fred ist inzwischen Abteilungsleiter geworden. Theo, unser Achtzehnjähriger, macht gerade sein Abitur (offenbar, ohne etwas befürchten zu müssen) und Jens, gerade zwölf geworden, geht gern in die Schule, ist fleißig und bringt nur gute Noten mit nach Hause.

Aber jetzt habe ich dir noch etwas Wichtiges mitzuteilen: Am 10. April muss ich für meine Firma nach Zürich fahren. Wenn es euch passt, könnte ich die Fahrt in Stuttgart unterbrechen und euch besuchen. Ich käme dann Dienstagabend zu euch und würde am Mittwochvormittag weiterfahren. Lass bitte von dir hören. Alles andere dann mündlich. (Es gibt ja so viel zu erzählen!)
Bis bald!
Herzliche Grüße
deine Erna

Index

Notizen

Notizen

deutsch üben

Eine Reihe für Anfänger zum Üben, für Fortgeschrittene zur gezielten Wiederholung. Sämtliche Bände verwendbar als Zusatzmaterial zu jedem beliebigen Lehrbuch; auch für Selbstlerner geeignet (Schlüssel im Anhang).

Band 1 **„mir" oder „mich"?** Übungen zur Formenlehre
Übungen zu den Verben, Substantiven, zum Artikelgebrauch, zu Pronomen, Adjektiven, Präpositionen und zur Syntax.
ISBN 3–19–007449–6

Band 2 **Groß oder klein?** Übungen zur Rechtschreibung
ISBN 3–19–007450–X

Band 3 / 4 **Weg mit den typischen Fehlern!** 1 und 2
Lern- und Übungsbücher mit Hinweisen zur Vermeidung häufig vorkommender Fehler in Grammatik und Wortschatz.
Teil 1: ISBN 3–19–007451–8
Teil 2: ISBN 3–19–007452–6

Band 5 / 6 **Sag's besser!** Arbeitsbücher für Fortgeschrittene
Teil 1: Grammatik – ISBN 3–19–007453–4
Teil 2: Ausdruckserweiterung – ISBN 3–19–007454–2
Schlüssel zu Teil 1 und 2 – ISBN 3–19–017453–9

Band 7 **Schwierige Wörter** Übungen zu Verben, Nomen und Adjektiven
Zum Nachschlagen und Üben mit Übungssätzen, mit Lücken zum selbstständigen Ergänzen.
ISBN 3–19–007455–0

Band 8 **„der", „die" oder „das"?** Übungen zum Gebrauch des Artikels
ISBN 3–19–007456–9

Band 9 **Wortschatz und mehr**
Ein Übungsbuch zur spielerischen Beschäftigung mit Wörtern und Worten. Vokabular zu über 50 Themen.
ISBN 3–19–007457–7

Band 10 **Übungen zur neuen Rechtschreibung**
Wichtige Neuerungen mit Übungen und Tests zur Lernkontrolle.
ISBN 3–19–007458–5

Band 11 **Wörter und Sätze**
Übungen für Fortgeschrittene
Zum Reaktivieren, Festigen und Vertiefen der vorhandenen grundlegenden Grammatik- und Wortschatzkenntnisse.
ISBN 3–19–007459–3

Band 12 **Diktate hören – schreiben – korrigieren**
Übungsdiktate für die Grund-, Mittel- und Oberstufe und zur Vorbereitung auf das deutsche Sprachdiplom, vertont auf 2 Audio-CDs.
ISBN 3–19–007460–7

Hueber
www.hueber.de